1

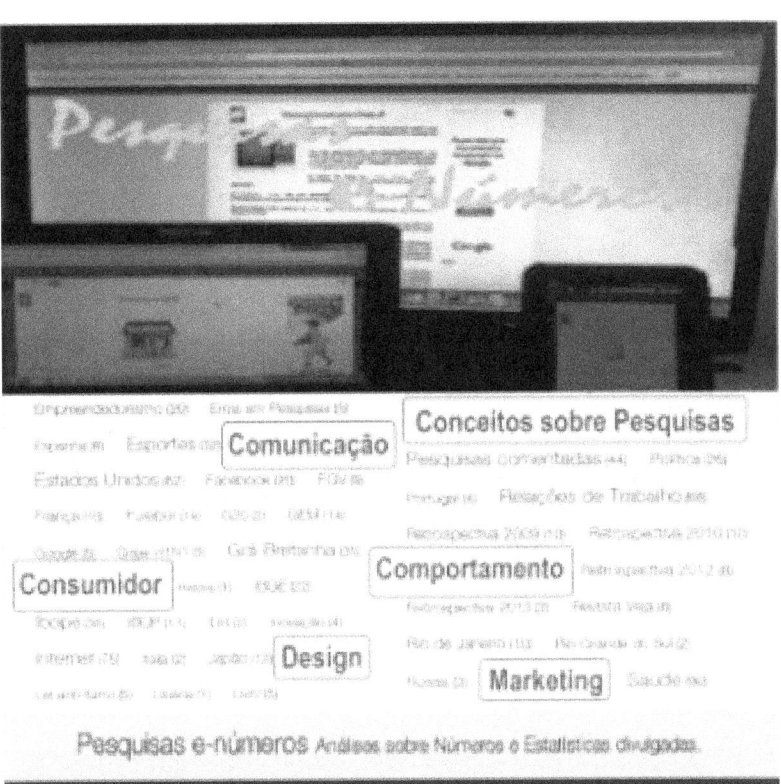

# Romeu Friedlaender Jr
# 2014

# 5 Anos de Pesquisas e-Números - Comunicação Social

# O surgimento do blog

Era maio de 2009, acompanhando algumas noticias na midia percebi que sempre divulgam pesquisas e números sobre os mais diversos assuntos, mas geralmente as analises e comentários sobre essas pesquisas eram fracos, superficiais.

Decidi trocar ideias com o proprietário de um importante jornal da capital paranaense para encontrar formas de melhorar essa analise das pesquisas, números e estatísticas que surgem na midia a todo instante. A primeira ideia seria de criar uma coluna semanal comentando sobre pesquisas, mas logo surge a alternativa de criar um blog, para usar a forca da midia digital e ampliar o alcance dessas analises. Fomos conversar com a equipe de jornalismo desse jornal, que gostou da ideia, mas acabou nao levando adiante, mas o principal já tinha sido criado, a ideia do blog sobre pesquisas e números.

Com muitas opções gratuitas de hospedagem de blogs, iniciei o blog Pesquisas e Números no dia 7 de maio de 2009, na plataforma Blogger, com o blogspot. Mais tarde comprei o domínio www.pesquisasenumeros.com que continua usando a plataforma e todos os serviços oferecidos pelo Blogger, que comecei a conhecer, entender e gostar da facilidade de blogar com ele.

Desde entao já foram quase 500 textos, que ajudaram o blog a receber centenas de milhares de visitas, inúmeros comentários, curtidas, compartilhamentos nas redes sociais e fontes para outras matérias em outros veículos de comunicação, inclusive blogs, sobre os comentários e analises que fizemos em todo esse tempo no Pesquisas e-Números.

Pelo numero de textos resolvi dividir em 4 assuntos, colocando em 4 livros os assuntos relativos ao Cotidiano, ao Ecommerce, a Comunicação Social e ao Empreendedorismo, com pesquisas, números e dados estatísticos analisados e comentados nesses 5 anos do blog.

Esse livro trata da Comunicação Social, onde coloquei os textos que falaram sobre Comunicação, Marketing, Consumidor, Comportamento, Design e Conceitos sobre Pesquisas.

# Comunicação, Marketing, Consumidor, Comportamento, Design e Conceitos sobre Pesquisas

A comunicação é importante, o ser humano precisa se comunicar, por isso nesse livro tratamos da comunicação em si, de seus aspectos de marketing, do consumidor, do comportamento das pessoas, do design e de conceitos sobre pesquisas.

A comunicação digital e as agências de propaganda são tratados aqui, as redes e mídias sociais, a importância da imprensa combatendo a corrupção, a presença dos meios de comunicação no país, o consumo de mídia, online e em papel, a vida útil da informação compartilhada, o grau de informação das pessoas e até mesmo da confiabilidade da impresa americana foi analisada no blog.

O marketing faz parte da comunicação, colocamos as marcas de confiança do país aqui, as ações de marketing e seus resultados, testes cegos de cerveja, programas de fidelização e o surgimento do marketing digital na internet.

## 5 Anos de Pesquisas e-Números - Comunicação Social

A comunicação causa impacto no comportamento das pessoas, que vai impactar na comunicação refletindo o comportamento, ou seja, são assuntos interligados. O mau humor, hábitos saudáveis, o choro dos bebês, passear com o cachorro, ir a academia, pegar carona, companhia para se alimentar, a intuição, a frequencia de tomar banho, a chuva, a honestidade, a internet fazem parte de análises de comportamento que abordamos nessa parte do livro.

Os hábitos de consumo das famílias brasileiras, o consumo de viagem, lavanderia, sapatos, material de construção, habitação, chocolate, café, cerveja e videogames. Falamos da taxa de juros do cheque especial, do índice big mac, do tamanho da nova família brasileira, do poder de compra, dos planos de saúde, do novo consumidor, o neoconsumidor, abordando a compra pela internet, junto com uma análise sobre os impostos e o custo Brasil.

O design ajuda a comunicar, principalmente na era da internet, sem o contato vendedor-comprador, onde a apresentação, a foto do produto, tem que fazer o papel físico do vendedor na internet, com a importância da escolha das cores e elaboração da embalagem.

O porquê de se fazer uma pesquisa é tratado nessa parte do livro, junto com dicas para quem ser pesquisado, da melhor hora e da facilidade e simplicidade de se criar uma pesquisa, de se buscar informações sobre o mercado, para poder ter uma comunicação mais eficiente.

Enfim, nesse livro você encontra vários aspectos sobre esses assuntos, muita informação que pode ajudar a melhorar a sua estratégia de comunicação.

## 5 Anos de Pesquisas e-Números - Comunicação Social

Conteúdo

## 5 Anos de Pesquisas e-Números - Comunicação Social

# Comunicação

## A Comunicação Digital e as Agências de Propaganda

O Grupo de Relações Públicas Digital com o apoio da Abracom (Associação Brasileira de Comunicação) realizou uma pesquisa com 191 pessoas de 61 diferentes agências de comunicação corporativa, relações públicas e assessoria de imprensa sobre conceitos e práticas de comunicação digital nas agências.

O que é Comunicação Digital?

Apenas 11% afirmaram conhecer pouquíssimo o seu significado, ou seja, 89% têm conhecimento deste termo.

Acessar as redes sociais na agência é permitido para 89% das pessoas entrevistadas, 87% utilizam o MSN, 84% o Orkut e 92% utilizam blogs como fonte de informação (espero que este blog esteja na lista) pelo menos uma vez por semana.

## 5 Anos de Pesquisas e-Números - Comunicação Social

Apesar destes números, 21% não dedicam nenhum tempo de trabalho nas redes sociais, e 32% dedicam no máximo 10% de seu tempo para isso. Se a maioria acessa alguma rede social durante o horário de expediente, não está fazendo de forma profissional, mas basicamente para fins pessoais.

Um terço dos entrevistados, 34%, têm o seu próprio blog. Entre os blogueiros e as blogueiras 62% usam redes sociais com freqüência, com 30% dedicando mais da metade do seu tempo com elas, mas apenas 17% as utilizam para divulgar ações para seus clientes.

A comunicação digital está conquistando o seu espaço no dia a dia das pessoas.

O seu uso ainda está na esfera pessoal, ainda são poucos os profissionais que trabalham com esta nova ferramenta da comunicação na sua profissão. Pode funcionar também como inspiração para os momentos de criação dos profissionais, e até mesmo ser utilizado em "Pensódromos" nas empresas.

Texto de ago/09

## E o Twitter?

Foi divulgada pela Pear Analytics uma pesquisa traçando o perfil dos usuários do Twitter nos Estados Unidos.

Quem são?

Mulheres são maioria, 55%.
Têm entre 18 e 34 anos, 43%.
Têm entre 35 e 49 anos, 30%
Idade inferior a 18 anos, 8%.
Caucasianos são 78%, mas os afro-americanos são 11%.

Sobre o que as pessoas twittam?
O estudo dividiu os assuntos tratados em 6 áreas:

1º) Pontuais (fui tomar banho) – 40,55% dos tweets.
2º) Conversas (oi, tudo bem?) – 37,55% dos tweets.
3º) Copiar e colar (RT @romeuhfj disse que...) – 8,7% dos tweets.
4º) Promoção pessoal (visite meu blog) – 5,85% dos tweets.
5º) Spam (ganhe dinheiro rápido, clique aqui) – 3,75% dos tweets.
6º) Notícias (a bolsa subiu) - 3,6% dos tweets.

## 5 Anos de Pesquisas e-Números - Comunicação Social

Usam com regularidade, 27%.

Apenas 5% dos usuários geram 75% dos tweets, 5% possuem mais de 100 seguidores, 20% criaram suas contas e abandonaram e 50% não twittaram nada na última semana.

Essa é a forma como o americano utiliza o Twitter. Os Estados Unidos são o 2º país no ranking de navegação de seus internautas, com 67 horas e 33 minutos mensais em média.

Quem é o líder deste ranking?

O Brasil, com 71 horas e 30 minutos, 6% a mais que os americanos.

Agora vamos ver esses números na minha conta do twitter (http://twitter.com/romeuhfj).
Tenho 1.144 seguidores e sigo 1.865 até agora.

Considerando o número de seguidores, o número máximo dos que me seguem com regularidade é de 309 dos meus 1.144 seguidores cadastrados (27%).
Dos 1.865 perfis do Twitter que eu sigo, considerando que apenas 5% corresponde a 75% dos tweets, posso

dizer que sigo mesmo apenas o que 93 pessoas tweetam.

Tenho mais de 100 seguidores, vou divulgar este post no twitter, "Promoção Pessoal", e às vezes repito tweets interessantes, "Copiar e colar", ou seja, faço parte da minoria no Twitter.

Texto de ago/09

## É impossível viver sem

Para você o que seria impossível passar 24 horas sem?

Esta pergunta foi feita em recente pesquisa realizada com 1000 pessoas na Inglaterra pelo provedor de internet Lumison.

Qual seria a sua resposta?

Para 85% dos ingleses, o aparelho de telefone celular é indispensável.

A força deste aparelho entre os ingleses é grande, 62% trocariam o chocolate pelo celular, 23% não consumiriam bebidas alcoólicas e 8% abdicariam até mesmo do sexo, tudo em nome do celular.

Qual o tempo máximo que o britânico conseguiria ficar sem o celular?

10% apenas 5 minutos longe do aparelho.

18% no máximo 1 hora.

16% não conseguiriam ficar mais que 4 horas longe dele.

Tire a cerveja, o whisky, o chocolate, o sexo, mas não tire o celular de um britânico, isso deixaria ele órfão, seria a pior tortura que eles poderiam sofrer.

E no resto do mundo, qual a importância do celular?

Foi feita uma pesquisa sobre esse assunto pela empresa Synovate em junho de 2009 entrevistando 8.000 pessoas no Canadá, Cingapura, Dinamarca, Estados Unidos, França, Filipinas, Grã-Bretanha, Holanda, Malásia, Rússia e Taiwan.

Levam o celular para todo lugar que vão 75% dos entrevistados, com os russos e cingapurianos os mais fanáticos.

Dormir com o celular por perto é prática comum de 60%.

Começaram relacionamentos amorosos através de mensagens de texto 20% dos entrevistados, mesmo percentual dos que afirmaram ter terminado uma relação através do mesmo mecanismo.

Além de usar o celular par telefonar e passar mensagens de texto, as funcionalidades mais usadas são uso de despertador, câmera e jogos.

Checam emails através do aparelho 17% dos entrevistados, e 10% navegam regularmente em sites de relacionamento, como Facebook e MySpace.

37% não sabem utilizar toda a tecnologia existente nos seus aparelhos.

O primeiro telefone celular surgiu na década de 70, pesava cerca de 1kg, e media 25cm de comprimento por 7cm de largura. Um tijolo de 2 furos pesa em média 2kg e mede 24cm por 7 cm. Ou seja, o primeiro celular equivalia a um tijolo de 2 furos.

**5 Anos de Pesquisas e-Números - Comunicação Social**

Hoje, em 2009, é um aparelho cada dia mais indispensável na rotina das pessoas, como vimos nas pesquisas comentadas aqui. Já faz parte do dia a dia, acordar, escovar os dentes, trocar de roupa, se vestir e ir trabalhar, toda essa rotina tem a companhia deste aparelho.

Texto de set/09

## Nos EUA: Nunca antes na história deste país...

...a confiabilidade das notícias veiculadas pela imprensa americana esteve tão em baixa perante a opinião pública.

Segundo **pesquisa** realizada com 1506 pessoas entre 23 e 26 de julho, divulgada dia 13 de setembro pela **Pew Research Center for People and Press**, para apenas 29% dos americanos a mídia geralmente obtêm a verdade dos fatos. Quando este estudo começou a ser realizado, em 1985, essa confiança era de 55%.

As reportagens jornalísticas da imprensa americana são muitas vezes imprecisas, na opinião de 63% dos entrevistados. Em 1985 esse índice era de 34%. A informação que a imprensa divulga é feita de maneira imparcial na opinião de 18% dos americanos. Perante matérias sobre pessoas poderosas, apenas 20% dos americanos acreditam que há independência jornalística das organizações nesses casos. Quando está errada, a imprensa admite seus próprios erros na opinião de apenas 21% dos entrevistados.

A TV é a fonte de informação preferida por 64% dos entrevistados para as notícias locais, seguida pelos jornais (41%), rádio (18%) e internet (17%). A TV também é a fonte de informação preferida para notícias de âmbito nacional (71% dos entrevistados), enquanto a internet aparece em segundo com 42% das preferências.

A imprensa brasileira tem mais confiança da opinião pública do país. A pesquisa **Marcas de Confiança**, publicada anualmente pela Revista Seleções, comentada **nesse blog**, coloca os jornais com 60%, o rádio com 58%, as revistas com 53% e a televisão com 45% entre as instituições mais confiáveis do país.

Essa baixa popularidade da imprensa americana pode ser debitada aos inúmeros problemas de confiabilidade por que passa a sociedade americana nesse período de crise econômica, mais uma vítima indireta da crise global

Texto de set/09

## 5 Anos de Pesquisas e-Números - Comunicação Social

## As agências digitais e o mercado brasileiro de web

O **Censo Digital**, primeira pesquisa que mensurou os negócios ligados à internet no Brasil, coordenada pela ABRADI (Associação Brasileira de Agências Digitais), levantou números interessantes.

Na região Sudeste estão 58,1% das agências. O Sul aparece como segunda força (15,7%), seguido pelo Nordeste (14,4%), Centro-Oeste (7,7%) e Norte (4,1%).

O que mais as agências fazem é desenvolvimento de websites, com 11,3% do seu trabalho, vindo depois programação, com 10%, criação de campanhas, com 9,3%, consultoria e divulgações por email, ambas com 8,5%, e nas últimas posições, com 4,6% de trabalho para campanhas móveis de publicidade.

São 2.275 agências digitais, com 20.800 funcionários, faturando R$ 755,3 milhões, o que dá uma média de 9 funcionários por agência, faturamento de R$332.000,00 por agência, e uma produtividade de R$ 36.312,50 por funcionário. Para 10% das agências o faturamento ultrapassa R$ 5 milhões anuais.

Esses valores são animadores para quem deseja entrar nessa área.

Mas é bom considerar que esses números foram calculados por este blogueiro apenas dividindo faturamento total por número de agências existentes e o total de funcionários que trabalham no ramo, não significa que todas as agências ganham esses valores nem que todo funcionário consegue trazer esse rendimento à empresa.

Por isso que a próxima pesquisa será sobre cargos e salários, para mapear e mostrar como está o mercado de trabalho para quem busca uma colocação nesse segmento. Vamos aguardar a próxima pesquisa e conferir as informações que forem descobertas sobre os cargos e salários nas agências digitais.

Texto de set/09

## Meios de comunicação no Brasil

Comentamos ontem **nesse blog** sobre os equipamentos culturais à disposição do brasileiro.

## 5 Anos de Pesquisas e-Números - Comunicação Social

Foi divulgado pelo MinC (Ministério da Cultura) o **Anuário de Estatísticas Culturais do Brasil 2009**, mostrando em 243 páginas os números da cultura em nosso país. É um estudo aprofundado e muito interessante, o sumário contém 20 páginas.

Nesse anuário foi levantada também a situação dos meios de comunicação no país.

Possuem jornais impressos locais 36,80% dos municípios brasileiros, chegando a 81,52% dos municípios do estado do Rio de Janeiro.

Revistas impressas locais estão presentes em 7,7% dos municípios no país, no estado do Rio de Janeiro são 27,17% os municípios com revistas locais impressas.

Emissoras de rádio AM locais estão presentes em 21,20%, e apesar de 34,78% dos municípios cariocas terem emissoras, o estado de Mato Grosso do Sul é o estado com maior percentual de municípios atendidos, com 37,18% deles.

No caso das rádios FM locais, sua presença cobre 34,30% dos municípios no país, e é em Pernambuco que está a maior porcentagem, 63,78%.

A rádio comunitária é uma realidade presente em 48,60% das cidades, o Amapá é o estado melhor servido por elas, que estão presentes em 81,25% dos seus municípios.

No Brasil, 9,6% dos municípios declararam ter geradoras de TV, é no Amazonas o maior percentual de municípios com geradoras de TV, estando presente em 64,52% deles.

Diferente do caso das emissoras de rádio, as geradoras de TV comunitárias estão presentes em menor número que as de maior alcance, estando em 2,30% dos municípios no país. No estado do Rio de Janeiro é onde este número é maior, 9,78% possuem TV comunitária.

95,11% dos municípios brasileiros são atendidos pela programação da TV aberta, e apenas nos estados de Roraima e de Rondônia têm menos de 80% dos municípios cobertos por sinais de TV aberta.

Há provedores de internet presentes em 45,60% dos municípios brasileiros, no estado de Mato Grosso esse percentual chega aos 80,85%. Vimos **nesse blog** que é de 23,8% o percentual de domicílios nacionais com acesso à internet.

## 5 Anos de Pesquisas e-Números - Comunicação Social

Através dos meios de comunicação a população se atualiza e se comunica. O acesso à informação é importante para formar o cidadão consciente de seu papel na sociedade, e somado a melhorias no sistema educacional brasileiro, que esperamos que aconteça num futuro próximo, aumentam o poder de crítica e de análise do cidadão, que passa a ficar mais consciente dos seus direitos e deveres na sociedade.

Texto de out/09

## A imprensa e a corrupção

Como combater a corrupção e ajudar a evitá-la?

O **Instituto Análise** fez uma pesquisa, encomendada pelo jornal **O Estado de São Paulo** para **saber** como o brasileiro vê a corrupção e quais as formas de combater e evitar novos casos.

Os jornalistas e os meios de comunicação aparecem com 50% das citações como o principal canal de denúncia de atos de corrupção, depois, para 37% dos entrevistados, os próprios políticos fazem as denúncias contra seus pares que cometem atos impróprios com a função pública.

A imprensa é apartidária na opinião de 69% dos entrevistados, o fato de denunciar desvios e irregularidades a torna digna de credibilidade para 88% dos brasileiros, sendo que 91% consideram que a imprensa ajuda a combater a corrupção com as suas matérias e reportagens, por isso 97% são totalmente favoráveis à investigação e divulgação dos casos de mau uso do dinheiro público.

Parabéns à imprensa brasileira pelas coberturas feitas em casos de corrupção no país, a sua credibilidade e liberdade de expressão são benéficas à democracia no Brasil. Diferente da imprensa americana, que, conforme vimos no "Pesquisas e Números" ano passado, passava por uma crise de credibilidade e falta de confiabilidade por parte do seu público.

Texto de mar/10

## 5 Anos de Pesquisas e-Números - Comunicação Social

## O consumo de mídia no Brasil

A TV aberta é o meio de comunicação que o brasileiro mais confia, essa é a opinião de 69,4% dos entrevistados pelo **Instituto Meta** em 593 municípios em todos os estados do Brasil. A televisão é vista por 96,6% dos brasileiros, o rádio por 80,3% e a internet acessada por 46,6%.

O rádio teve 7,2% de respostas, a internet 6,5%, o jornal impresso 6,3% entre os meios de comunicação que o brasileiro considera mais confiável para a busca de informações.

Os jornalistas mais confiáveis estão na televisão, William Bonner (33,7%), e Fátima Bernardes (18,1%), apresentadores do Jornal Nacional, da Rede Globo de Televisão. Bonner é o comunicador mais influente, para 12% dos entrevistados ele auxilia na decisão de opinião ou mudança de idéia, algo que para a imensa maioria dos brasileiros não acontece, já que 85,2% afirmaram que não mudam sua opinião por influência de comunicador nenhum.

Os jornais são lidos com freqüência por 46,1% dos brasileiros, já as revistas chegam a 34,9% dos entrevistados. O jornal de domingo é o mais lido, 42,3%

dos leitores de jornais o fazem neste dia. O público leitor de jornal tem entre 25 e 39 anos, enquanto o leitor de revistas tem entre 16 e 24 anos, principalmente.

Os livros são lidos por 47,1% da população, quase metade destes leram entre 2 e 5 livros nos últimos 6 meses antes da realização desta pesquisa. O brasileiro lê em média quase 2 livros por ano. Quanto mais alta a renda familiar e a escolaridade maior a freqüência de leitura.

Essas informações são fundamentais para quem quer se comunicar, e se manter informado, conhecendo o consumo de mídia da população brasileira para poder otimizar a comunicação.

Texto de jun/10

Acesso à internet no Brasil

A internet é presença habitual no dia a dia de 46% da população brasileira, sendo que 2/3 destes acessos são feitos de suas próprias casas e ¼ em lan houses.

## 5 Anos de Pesquisas e-Números - Comunicação Social

Esses resultados foram obtidos em **pesquisa** com 12 mil brasileiros efetuada pelo Instituto Meta, em todos os estados brasileiros, a pedido da Secretaria de Comunicação Social da Presidência da República.

A medida que a renda familiar sobe, o acesso a internet também cresce, ao contrário das faixas etárias, que quanto mais jovem maior o acesso à rede.

Entre os internautas brasileiros 43,9% acessam todos os dias a internet, ou seja, mais de 20% da população maior de 16 anos acessa a internet todos os dias.

A média de acesso dos internautas é de 16 horas semanais. Esta média é maior entre os homens, pessoas entre 16 e 24 anos, de maior escolaridade e renda familiar. Quem acessa a internet de casa tem uma média de 21 horas semanais, maior que as 9 horas semanais dos acessos não-domésticos.

Muitos jornais e revistas são lidos na internet. Ela é responsável por 10% dos ouvintes de rádio, e acredito que na próxima pesquisa a programação de TV também será assistida por boa parcela da população nos seus computadores via internet. Cada vez mais a internet está incorporando outros meios de comunicação nas suas fronteiras.                    Texto de jun/10

## Você se considera uma pessoa bem informada?

Esta pergunta foi realizada para 12 mil brasileiros de quase 600 municípios em todos os estados nacionais pelo Instituto Meta, e a **resposta** foi:

48,3% se consideram pouco informados;
44,8% informados;
6,4% muito informados;
0,5% não souberam responder a questão.

Podemos dizer que metade dos brasileiros se consideram informados, enquanto a outra metade não tem a preocupação de se manterem informados.

A medida que a renda familiar aumenta o nível de preocupação em manterem-se informados cresce.

Após conversas ou debates com amigos e familiares, 67,2% não mudam a sua opinião, enquanto 26,7% podem ser convencidos a mudarem de opinião. Mesmo que a conversa seja com alguém que conhece mais sobre o assunto em questão, mas em menor proporção, 61,1%.

O brasileiro é um povo que não se preocupa muito em manter-se atualizado, informado, mas é teimoso, não costuma mudar de opinião facilmente.

Texto de jul/10

## Cuidado com o que você posta por aí

Quando você entra numa rede social, Twitter, Facebook, Orkut, FourSquare, Linkedin, My space e outras, a intenção é sempre fazer novas amizades, mostrar aos amigos um pouco do que você está fazendo, contar as novidades, e é claro, saber das notícias das pessoas conhecidas também.

Mas infelizmente você não é a única pessoa que quer saber o que acontece com os conhecidos.

A companhia britânica de segurança More Than fez uma **pesquisa** com 50 criminosos para saber como eles escolhem as suas vítimas para cometerem crimes. Dois entre três criminosos agem escolhendo suas vítimas com antecedência, e as páginas pessoais nas redes sociais respondem por 12% das fontes de informação dos criminosos, ou seja, não são apenas os seus amigos e conhecidos que sabem o que você está fazendo, mas os desconhecidos também, e aí mora o perigo.

As redes sociais são lugares agradáveis para estar, compartilhar alegrias e tristezas, saber o que acontece com os conhecidos, interagir mais com as pessoas, mas temos que ser mais cuidadosos com que vamos expor, já que pessoas com segundas, e até terceiras intenções, podem estar nos acompanhando.

Texto de set/10

## A propaganda oficial

Quando se faz propaganda de qualquer coisa o objetivo é mostrar algo para o público. A propaganda deve ser vista e lembrada. Infelizmente não é isso que ocorre quando quem faz propaganda é o governo.

**Pesquisa** realizada pelo Instituto Meta com 12 mil brasileiros maiores de 16 anos em 539 municípios de todos os estados brasileiros analisou o acompanhamento das ações governamentais na mídia.

Entre os ouvintes de rádio, 21,3% acompanham a Voz do Brasil, 6,5% o Café com o Presidente e 3,4% o Bom dia Ministro.

Entre os telespectadores 50,3% costumam acompanhar os pronunciamentos do governo na televisão.

Entre os internautas brasileiros 20,3% costumam acompanhar sites governamentais para buscar informações.

Apenas 23,2% dos brasileiros lembraram de alguma propaganda do governo. Mas 34% lembraram de propagandas sobre o PAC e 59,1% sobre o Programa Minha Casa Minha Vida.

Já ouviram falar da TV Brasil 36,8% dos entrevistados, e 17,8% destes costumam assistir a sua programação. 16,7% já ouviram sobre a TV NBR, sendo que 10,1% já assistiram algum programa nesta TV.

Vamos às minhas respostas nesta pesquisa. Eu não acompanho a Voz do Brasil nem o Café com o Presidente, nem sabia da existência do programa Bom dia Ministro. Quando estou assistindo televisão e aparece algum pronunciamento governamental eu assisto, não mudo de canal. Eu acompanho sites governamentais para buscar informações (esta pesquisa eu busquei no site do Secom). Eu não lembro de nenhuma propaganda do governo, apenas os patrocínios esportivos dos Correios. TV Brasil e TV NBR eu não tinha a mínima idéia de sua existência.

A ineficácia das ações de comunicação governamental tem 2 aspectos importantes, um é sinal que a propaganda é mal feita, não atinge o seu público, a população brasileira; e o segundo aspecto é que pagamos, como cidadãos, como contribuintes, essas ações de comunicação que não funcionam, sendo dinheiro público desperdiçado.

Não sou contra os governos, seja federal, estadual ou municipal, fazerem propaganda de suas ações, políticas e programas públicos, mas sou contra o desperdício de dinheiro público em ações de comunicação que não atingem a população.

Texto de set/10

## Os mineiros chilenos e o Big Brother

Terminou em final feliz a história de confinamento mais assistida no mundo em toda a história.

Por 69 dias 33 mineiros ficaram confinados a 700m abaixo do solo numa mina no Chile.

Comparando com outros confinados, como no Big Brother, os mineiros soterrados no Chile são celebridade, não apenas no seu país, mas no mundo todo.

A audiência do resgate foi acompanhada por 1 bilhão de pessoas, com transmissões para 28 países, sendo que o início do resgate atingia a marca de 4 milhões de pessoas por minuto via internet.

Essa audiência ajudou a empresa de óculos escuros doados aos mineiros na saída da mina em ganhar R$70 milhões em mídia espontânea, com a exposição dos óculos nos rostos dos mineiros. Cada um custa U$200 nas lojas.

A popularidade do presidente chileno subiu de 46 para 56% na semana do resgate.

Cada um dos 33 mineiros já saiu da mina com alguns **presentes**, U$8 mil em dinheiro, convites pra assistir jogos de futebol dos times europeus Real Madrid e Manchester United (um pacote de viagens de uma semana na Europa custaria em média U$3 mil por pessoa), cruzeiro pelas Ilhas Gregas, com o custo aproximado de U$10 mil. Apenas esses presentes já somam U$24 mil.

Mas não pára por **aí**, a procura por entrevistas e em tornar esta história livro e filme já começou, os 33 mineiros, que pretendem negociar de maneira unida, para contarem suas histórias já acertaram com a editora britânica Transworld, que até já deu título à obra: "33 homens soterrados vivos".

Outro lugar de confinamento que transforma os confinados em celebridades é o Big Brother, que passa na televisão em vários países do mundo. No Brasil, o **BBB10**, Big Brother da edição de 2010 teve 17 participantes no seu início, sendo que apenas 3 ficaram até o fim dos 3 meses de confinamento, com o campeão saindo do confinamento com R$1,5 milhão. Após o programa os ex-confinados viram celebridades, aproveitam a fama para aparecerem em revistas, dando entrevistas ou apenas tirando a roupa, fazendo render o sacrifício do confinamento.

Claro que não dá para comparar os confinamentos na mansão do Big Brother com a mina chilena 700 metros abaixo do solo, mas a tortura de estar confinado por um tempo pode transformar o ex-confinado em celebridade, suavizando o sofrimento passado através de ganhos financeiros que podem ser conseguidos.

Texto de out/10

## As mídias sociais nas empresas latinoamericanas

As 160 maiores empresas da América Latina foram consultadas semanas atrás pela Burson-Martseller para saber como elas estão lidando com as mídias sociais.

Usam pelo menos uma mídia social 49% das empresas. Entre as 100 maiores empresas no mundo listadas pela Fortune esse índice é de 79%. O México tem maior índice, 80% e a Argentina o menor, 25%, o Brasil chega a 63%.

O Facebook tem menor presença em Porto Rico, apenas 5% têm perfis nessa rede social, o México chega a 80%,

Venezuela a 75% e o Brasil com 16% das empresas com perfis de fãs no facebook. Apesar da pouca presença na rede, todas as empresas de Porto Rico estiveram ativas na última semana, que nem as empresas brasileiras, onde 100% postaram algo na semana de realização desta pesquisa, acima da média da América Latina, de 60% e das empresas globais, de 59%.

O Twitter é menos utilizado em Porto Rico, com os mesmos 5% do Facebook, no México esse índice é de 60% e no Brasil 53%. A média de tweets semanais na América Latina é de 26, próximo da média global de 27. A Argentina, apesar de apenas 15% de suas empresas terem perfis na página do microblog, é o país cujas empresas mais tweetam, com 54 semanais. O Brasil é onde as empresas tem mais seguidores (4206) e seguem mais contas (1147), superior inclusive à média global. Apesar da pouca presença no Twitter, as empresas são bastante comentadas, 53% são mencionadas em tweets nos países da América Latina, maior até que nas empresas globais, de 42%, a Colômbia é onde as empresas são mais citadas em tweets, com 86%, enquanto no Brasil o índice é de 37%, menor do que o percentual de empresas presentes nesta rede social.

## 5 Anos de Pesquisas e-Números - Comunicação Social

O Youtube é melhor aproveitado no Chile (43%), Brasil (42%) e México (40%), apesar de estar abaixo da média global, de 50% e acima da América Latina, de 25% de contas de empresas nesta rede social. Os vídeos corporativos na América Latina têm média de 12.462 visualizações, abaixo da média global de 38.958. O Brasil se destaca, com média de 45.259 visualizações, puxadas graças à Petrobras, que com seus vídeos sobre trabalho social, comunitário e ambiental tem média superior às 250 mil visitas. Os vídeos criativos e divertidos são os que mais chamam a atenção do público.

Os blogs corporativos estão presentes em 11% das empresas na América Latina e 33% entre as 100 maiores do mundo. Argentina e México não tem nenhuma empresa que tenha blog, enquanto as empresas brasileiras se destacam, com 37%, superior até mesmo às empresas globais.

As mídias sociais existem, são realidade, mas as empresas ainda não estão sabendo aproveitá-las. Um exemplo disso está no twitter, onde mesmo as empresas não estando presentes, elas são comentadas pelos usuários, se elas tivessem mais presença, poderiam interagir mais com seus clientes, ganhar mais fidelização, conhecer o seu cliente, atender de maneira mais personalizada o que estão precisando e buscando.

Texto de dez/10

## O valor das mídias sociais

Redes sociais, mídias sociais, são assuntos que de tão na moda que estão viram inclusive filme com direito a Oscar e tudo o mais.

Mas quanto vale o show?

Vamos colocar alguns valores do marketing investido nesses sites em 2010:

U$3,4 bilhões, sendo que metade apenas nos Estados Unidos.

53% no Facebook nos Estados Unidos, isso significa U$900 milhões apenas naquele país em investimento de marketing.

A tendência é de crescimento desses números nos próximos anos, onde a troca da publicidade tradicional por sites e redes sociais. Texto de mar/11

## A cor da embalagem para as crianças

O que mais chama a atenção das crianças na hora de escolher salgadinhos ou bolachas doces?

Para responder essa pergunta a nutricionista Ana Paula Gines Geraldo, da Faculdade de Saúde Pública da USP,pesquisou 152 alunos do ensino fundamental duma escola particular em Taubaté (SP).

As crianças tinham como tarefa desenhar uma embalagem de bolacha doce e de salgadinho que lembravam, sem necessariamente terem consumido esse produto recentemente. A análise desses desenhos identificou os componentes de marketing que as crianças mais lembram nas embalagens desses produtos.

Os componentes que mais apareceram nos salgadinhos foram: a marca (54,6%), a imagem do produto (45,4%) e o personagem (27%). As cores mais utilizadas foram o vermelho (36,8%), o azul (30,3%) e o amarelo (22,4%).

Nas bolachas doces a marca (62,5%) foi a que mais apareceu, vindo depois o personagem (30,9%) e a imagem do produto (25%). As cores mais utilizadas foram o azul (36,8%) e o marrom (26,3%).

A marca dos salgadinhos e bolachas doces é importante para a maioria das crianças, e a existência de algum personagem que faça a ligação entre o biscoito e a marca também ajuda na hora da criança lembrar-se do produto. Dos salgadinhos comercializados no mercado 53,8% têm personagem na embalagem, ocorrendo o mesmo em 54,4% dos biscoitos doces. Isso mostra a força que um personagem deixa na memória infantil.

Mais uma demonstração da importância que o design da embalagem do produto tem, não adianta "apenas" criar e desenvolver bons produtos, a maneira com que será mostrado ao público, sua embalagem, também é importante para chamar a atenção do consumidor, como já analisamos no Pesquisas e Números.

Texto de abr/11

## O esporte comunicando

O Ibope fez uma pesquisa sobre como anda a comunicação esportiva em nosso país, assunto importante, já que nos próximos anos os principais eventos esportivos serão em terras brasileiras.

## 5 Anos de Pesquisas e-Números - Comunicação Social

Entre as transmissões de televisão nas últimas Olimpíadas e Copa do Mundo de futebol, os principais anunciantes em Tv aberta foram cervejas, refrigerantes e lojas de departamento, enquanto nas Tvs por assinatura foram cervejas, veículos e instituições financeiras. Mais uma vez a cerveja é lembrada, não apenas por quem pratica, como já vimos quão saudável ela pode ser, como pelos que assistem.

A televisão é o meio mais procurado para se informar sobre esportes, com 72%, depois vem o rádio, com 21% (rádios FM 12% e AM com 9%), a internet com 16% e os jornais com 15%.

Entre os que acompanham esportes pela Tv, 54% são homens, 39% pertencem à classe AB, 56% tem mais de 30 anos, 72% trabalham e 41% praticam esportes.

Já os que acompanham pela internet, 66% são do sexo masculino, 54% pertencem à classe AB, 62% tem menos de 30 anos, 59% trabalham e 55% praticam esportes, ou seja, o público que acompanha pela internet é mais jovem e esportista.

Os principais motivos que levam o telespectador a escolher o que assistir são: qualidade das reportagens e entrevistas (47%) e credibilidade das informações (18%).

Os internautas procuram informações para estarem sempre atualizados (32%), pelas notícias abrangentes (31%) e pelos conteúdos mais completos (28%). São aproximadamente 8 milhões de internautas brasileiros que procuram informações esportivas na internet, sendo que 75% assistem vídeos e 34% utilizam blogs, sejam de programas esportivos (13%), jornalistas esportivos (13%) e torcedores (10%).

A televisão é fonte de 93% dos que assistem futebol, sendo que 41% assistem vôlei, 29% Fórmula 1, 20% vôlei de praia e 17% basquete, entre os esportes preferidos do brasileiro. Além desses mais citados, eu pessoalmente me junto aos 10% da população que acompanham tênis na televisão.

Além do esporte em si, no que mais as pessoas prestam atenção durante as transmissões?

Nas marcas do uniforme – 69%
No local do evento – 68%
Na fala do locutor – 67%

## 5 Anos de Pesquisas e-Números - Comunicação Social

Conhecer os hábitos e costumes da população, e do consumidor, é importante para todos os segmentos, não apenas para os profissionais de marketing, e com nosso país sendo sede dos mais importantes eventos esportivos do mundo nos próximos anos os hábitos esportivos ganham ainda mais importância.

Texto de out/11

## A banda larga e o progresso

O Plano Nacional da Banda Larga (PNBL), uma das prioridades do governo federal, entrou em funcionamento neste 2º semestre de 2011, iniciando com alguns municípios na região central do país.

E o que isso tem de importante para a economia brasileira?

Vejamos alguns exemplos citados na revista **Época Negócios:**

Na cidade canadense de Churchill, com menos de 1000 habitantes, o governo federal gastou U$32 mil para conectar a cidade toda, um ano depois, houve um incremento de U$769 mil graças a negócios fechados pelas melhores conexões de internet.

De 2004 a 2006 a produtividade dos trabalhadores na União Européia aumentou anualmente 5% na indústria e 10% na área de serviços.

Para cada 100 novos usuários de banda larga no mundo são criados 8 novos empregos.

Com 10 novas conexões de banda larga a cada grupo de 100 pessoas, os ganhos de produtividade passam dos U$100 bilhões anuais.

Para cada 1% a mais na penetração de banda larga resulta em acréscimo de 0,3% na taxa de empregos anual.

Ou seja, a implantação da banda larga no país não é apenas para que os computadores possam rodar de forma mais rápida videogames e outros programas de diversão, mas significa também melhorias na produtividade dos trabalhadores, aumento da renda e do nível de emprego.

Texto de nov/11

## A vida útil do que você compartilha na internet

Quanto tempo o que você compartilhou na internet fica no ar?

Para saber essa resposta o site bit.ly fez uma pesquisa para acompanhar o tempo que uma notícia fica no ar depois de compartilhada, considerando para essa análise os 1.000 links mais populares do próprio bit.ly.

No twitter o link fica em média 2 horas e 48 minutos, enquanto no facebook fica mais tempo, 3 horas e 12 minutos. Mas se compartilhar tanto no twitter quanto no facebook o link ganha mais 24 minutos de atenção.

Já no **Youtube** o link fica 7 horas e 24 minutos no ar, o dobro de tempo que o facebook e o twitter.

Esses números são importantes para quem investe em marketing digital. No exemplo da Melito, os produtos, ofertas e notícias que formos compartilhar devem levar em consideração não apenas o público alvo, mas também o tempo que a oferta estará "viva" e funcionando.

Texto de mar/12

## As palavras mais usadas em emails

Quando alguém está falando, continuam conversando, sempre colocando os verbos no gerúndio, dizemos que é linguagem de telemarketing, tamanha a colocação de gerúndios nas frases proferidas por operadores de telemarketing.

Mas com relação a emails, quais os termos mais usados?

Para tentar chegar ao ranking do que é mais usado em emails corporativos, um pesquisador da americana **Universidade Georgia Tech analisou 500 mil emails da** Enron, empresa americana de tecnologia, mais conhecida pela fraude enorme encontrada na companhia.

Na lista de palavras positivas estão: "a habilidade para", "eu tomei", estão disponíveis", "cozinha" e "pensei que você iria".

As 5 que lideram o ranking negativo são: "você já esteve", "você deu", "estamos em", "título" e "preciso em".

## 5 Anos de Pesquisas e-Números - Comunicação Social

Considerando apenas esses 10 termos, tanto os positivos quanto os negativos, vemos que não são palavras negativas nem positivas, mas que acabam sendo utilizadas de maneiras que causam impactos positivos, ou negativos, em quem está lendo o email, influenciando a ação de quem recebe a mensagem, por vezes não trazendo o resultado esperado por quem envia o email.

Claro que não é fácil ser sempre positivo, mas pelo menos temos que tentar, não custa nada.

Texto de abr/12

## As marcas nas redes sociais

Por que uma empresa entra nas redes sociais?

Para responder a essa pergunta a RMA Comunicações fez uma pesquisa em fevereiro com o objetivo de entender a percepção do internauta brasileiro sobre o que torna uma marca útil para a pessoa nas redes sociais.

Dos respondentes do Brasil inteiro, 50% são da geração Y (18 a 29 anos) e 42% da X (30 a 49 anos)

Estão engajados nas redes sociais 81%, sendo que 17% apenas observam o que acontece, enquanto 64% compartilham assuntos e interagem com outros internautas.

O facebook é a rede social preferida de 84%, o twitter tem 12%, o Linkedin 3% e o Orkut apenas 1%.

60% consideram que as marcas são úteis nas redes sociais, sendo que 89% consideram importante a publicação de informações relevantes, 87% a rapidez no atendimento e 85% a prestação de serviços.

Basicamente as empresas que entram nas redes sociais têm que saber interagir com o público, muitas vezes as reclamações do consumidor são resolvidas mais rapidamente pelas redes sociais que pelos tradicionais canais de SAC, pela multiplicação das opiniões publicadas, fazendo com que a interação empresa-consumidor seja mais dinâmica.

Não basta apenas criar uma página, um perfil na rede social, é necessário a interação com o público. As redes sociais são o principal canal de comunicação da empresa com seu público e não mais os serviços de SAC.

Texto de abr/12

## Quem se importa?

Você trocaria de lugar com uma pessoa que nunca viu mais gorda para ficar por pelo menos uma hora presa numa sala sem acesso a nada?

Que loucura isso, mas o exército sueco fez uma **campanha nesses moldes para saber da solidariedade** das pessoas para com os desconhecidos.

Colocaram uma pessoa sentada numa cadeira dentro duma sala no centro de Estocolmo, com campanhas em outdoors ao vivo e em redes sociais explicando a situação e dizendo que para a pessoa sair daquela sala era necessário que outra pessoa fosse lá e ficasse em seu lugar até a chegada do próximo voluntário.

A campanha durou 89 horas durante 4 dias e teve 74 pessoas que se dispuseram a trocar de lugar com quem estava sentado na cadeira dentro da sala.

Não sei se o resultado foi devido a solidariedade dos suecos, ou pelo fato da pessoa ficar pelo menos uma hora aparecendo na tela no estilo Big Brother, mas a campanha teve o dobro de sucesso que o esperado por seus criadores.

Texto de mai/12

## Fala muito

O que você faz quando uma pessoa não pára de falar?

Além de repetir o gesto do técnico campeão da Taça Libertadores da America em 2012, Tite, "fala muito", você provavelmente vai se afastar desta pessoa.

Na internet acontece a mesma coisa, uma pesquisa realizada com 1750 pessoas pela MyVoucherCodes revelou que quem muito posta, escreve e compartilha tem seu perfil excluído pelos amigos e seguidores.

Pelo menos 46% dos usuários britânicos do facebook excluem de suas listas de amigos quem exagera nas postagens e 50% cancelam suas assinaturas.

## 5 Anos de Pesquisas e-Números - Comunicação Social

Nos Estados Unidos, em pesquisa publicada na revista Consumer Reports, quase metade dos usuários do Facebook aceita pessoas que nunca viram na vida como suas amigas na rede social.

Cruzando estas duas pesquisas, vemos que é importante prestarmos atenção no que postamos no facebook, já que tem gente que não conhecemos pessoalmente que ficarão sabendo de nossas rotinas, e que se colocarmos textos sobre tudo que estamos fazendo iremos perder amigos e contatos.

Evite chegar ao ponto de ter que ouvir o Tite reclamar que falamos muito.

Texto de ago/12


## Os brasileiros no celular

No Brasil tem mais aparelhos celulares que gente, estamos perto de sermos 200 milhões de brasileiros vivendo no pais, enquanto já temos 250 milhões de celulares habilitados no pais.

É importante saber o que o brasileiro faz no celular, ou nos celulares, já que muitos tem mais de um aparelho. Por isso a Yahoo Brasil entrevistou 750 brasileiros para saber dos seus hábitos de internet no celular. Parte da pesquisa foi analisada no MktMais

Enquanto temos pouco mais de 80 milhões de brasileiros com acesso a internet somos mais de 45 milhões com tecnologia 3G, ou seja, a maioria dos internautas brasileiros também acessa a internet na palma da sua mão com seu smartphone.

Checam seus emails no telefone 77% dos smartphonautas, enquanto 53% compartilham fotos pelo telefone.

Portanto tudo o que for escrever, publicar ou anunciar na internet tem que considerar a versão para os telefones celulares, que pode ser o primeiro lugar que sua mensagem vai ser vista, e deletada se não estiver carregada de acordo.

Texto de set/12

## 5 Anos de Pesquisas e-Números - Comunicação Social

## A repercussão nas redes sociais

Curtiu? Compartilhou? Retwittou?

Essas são formas de medir a repercussão dos textos e fotos colocados pelas empresas nas redes sociais.

Pesquisa publicada na Revista Exame PME consultando 500 participantes da Campus Party levantou os motivos que levam os clientes a se aproximarem mais da empresa, bem como se afastarem definitivamente.

A opinião negativa do consumidor responde por 22,4% entre os principais motivos que afastam o consumidor da empresa, o excesso de mensagens e textos também ajuda a afastar o cliente (11,8%).

Promoções são bem vistas pelos consumidores, respondendo por 31,2% das razões que aproximam o cliente da empresa.

O atendimento também tem sua importância, se for bom, 5% dos clientes sentem-se bem, enquanto se deixar a desejar, 10,8% dizem que poderiam se afastar desta empresa.

As redes sociais, a internet de uma maneira geral, estão cada vez mais presentes na vida das pessoas e das empresas, por isso fica cada vez mais importante saber lidar com as redes sociais. A repercussão é imediata, exige ação imediata também.

Texto de set/12


## A internet e a televisão


Assistir televisão e navegar na internet ao mesmo tempo é comum para 43% dos internautas brasileiros quando **estão em suas casa**, segundo pesquisa do Ibope no início de 2012.

A sinergia entre a tv e a internet é grande, 70% dos consumidores simultâneos foram buscar na internet informações sobre o que estava passando na televisão, enquanto 80% ligaram a tv, ou trocaram de canal, seguindo comentários postados na internet.

Tanto notícias, novelas, filmes, documentários e programas esportivos são assistidos na televisão e compartilhados na internet simultaneamente.

**5 Anos de Pesquisas e-Números - Comunicação Social**

Essa audiência simultânea reforça a importância da publicidade considerar as diversas mídias na hora de escolher onde é melhor anunciar o seu produto, ou serviço, e dos motivos de vermos na televisão tantas propagandas de lojas online e de sites de internet, bem como anúncios na internet sobre programação da Tv.

A internet e a televisão se complementam, ainda não estão concorrendo entre si pela mesma audiência.

Texto de out/12


## Informação em papel e online

Analisamos por aqui que 46% dos brasileiros costumam ler jornal com freqüência, nas regiões metropolitanas esse índice chega a 37%, segundo pesquisa realizada pelo Ibope.

Destes leitores de jornal, 11% o fazem via internet, representando um grupo de 1,5 milhão de pessoas.

A diferença dos leitores online e os de "papel" está no seu engajamento e relacionamento com a noticia, Entre os leitores online 70% postam e produzem conteúdo na internet, 79% acessam blogs e outros portais. Entre os leitores de jornais "de papel" a porcentagem que acessa blogs e a internet para se sentirem informados chega a 50%.

Claro que 50% do universo dos 89% de leitores diários de jornais é um número maior que os 79% dos 11% online, mas o mais importante nesses números esta na leitura online de outras formas de informação como blogs, e seu compartilhamento em redes sociais, já que a velocidade de propagação das noticias se amplia com a internet.

A tendência destes números é de aumentar a leitura online, multiplicando ainda mais a propagação e alcance das noticias.

Texto de nov/12

## Livros no Brasil

Quantos livros você leu este ano?

O Ibope, através da ferramenta de potencial de mercado **Pyxis Consumo, estima em R$8,2 milhões os gastos dos** brasileiros com livros e publicações em papel para 2012.

### 5 Anos de Pesquisas e-Números - Comunicação Social

Este valor supera em 14,5% o consumo literário de 2011, sendo que 52% dos leitores estão na classe B, que corresponde a 24,5% dos domicílios nacionais. Por outro lado a classe DE, que corresponde a 20,5% dos domicílios consome apenas 3,7% dos livros.

Outra pesquisa, também do Ibope, sobre a leitura de livros digitais, mostra que 18% dos brasileiros já leram pelo menos um livro em formato digital, enquanto 45% nunca ouviu falar da existência de livros digitais. Entre os leitores digitais 94% gostaram da experiência, sendo que 54% gostaram muito desta leitura. Mais da metade desses leitores tem menos de 24 anos e 53% pertencem a classe AB.

No Pesquisas e Números havíamos analisado o consumo de mídia no Brasil, onde, em 2010, 47% dos brasileiros haviam lido pelo menos 2 livros nos últimos 6 meses. este índice superava os leitores frequentes de jornais e revistas no país.

A medida que a pessoa vai ficando mais escolarizada sua renda aumenta, pois aumenta sua capacitação e qualificação profissional. O Brasil está aumentando, ainda que timidamente, o nível escolar de sua população, dessa forma a tendência é de crescimento do consumo de livros no pais, não apenas no formato impresso como no digital, o potencial de crescimento desta área é grande.

O hábito da leitura começa em casa, o incentivo caseiro é fundamental para iniciar e gostar de ler. Leia, compre livros e divida essa experiência com a sua família, com quem mora com você, leitura nunca é demais, não estressa nem cansa, muito pelo contrário.

Está sem idéia de qual será o próximo livro para ler, você **pode escolher alguns livros neste link,** tanto impressos como digitais.

Boa leitura!!!

Texto de nov/12

## Quem twitta

No Pesquisas e Números já havíamos visto o perfil do twittador nos Estados Unidos, onde a maioria era de mulheres, twittando sobre assuntos pontuais e conversas.

## 5 Anos de Pesquisas e-Números - Comunicação Social

Outra pesquisa sobre quem twitta foi feita pela empresa Beevolve, estudando mais de 36 milhões de perfis no mundo todo, publicada no MKTmais.

A maioria dos twitteiros é twitteira, mulher, fala inglês e usa Iphone. Elas falam sobre moda e família, usando o roxo como cor de fundo. Os homens twittam sobre esporte e tecnologia, usando tons escuros no seu background.

Outro dado interessante que esta pesquisa traz diz respeito a popularidade, onde 25% dos twitteiros nunca twittaram, estão lá apenas para ler, 81% possuem menos de 50 seguidores e a média dos seguidores ficou em 208 perfis.

O que a pesquisa nos informa é que sempre tem alguém que lê e te segue, mesmo que não pareça, portanto você não esta sozinho no twitter.

Quer me seguir e ver o que eu twitto? Clica aqui e siga-me

Texto de nov/12

## A publicidade na Tv e a internet

Vimos aqui que a internet e a televisão são veículos que se complementam em termos de audiência e mídia  não concorrem entre si pelo mesmo publico.

Mas isso representa os programas que passam na Tv, e quanto a publicidade na Tv, quanto ela é compartilhada e gera engajamento dos internautas nas redes sociais?

Para estudar essa ligação entre a publicidade na Tv e o engajamento nas redes sociais, a E.life fez um estudo publicado na Exame, vamos a alguns resultados:

- 50% dos TT, Trending Topics, assuntos mais comentados do Twitter vem da Tv.

- 50% dos internautas assistem Tv enquanto navegam na internet.

- índice de buzz no facebook e twitter sobre as propagandas chegou a 3% do total de mensagens.

- inserções durante as novelas geram maiores resultados, por ser no horário nobre da Tv.

## 5 Anos de Pesquisas e-Números - Comunicação Social

- O aumento no numero de tweets vai de 2 a 10 vezes se inserir uma hashtag (#) na campanha televisiva

Ou seja, os programas da Tv, e sua qualidade, influenciam o engajamento do internauta, e se a estratégia de marketing quiser incluir um maior engajamento nas redes sociais basta colocar a hashtag da campanha na Tv.

Única coisa que não se pode fazer é ignorar a ligação existente entre a televisão e a internet quando for planejar a estratégia de marketing, mesmo que não se queira, a publicidade na Tv vai estar presente também na internet.

Texto de dez/12

## O perigo da e-abstinência

No Pesquisas e Numeros já vimos o que as pessoas deixam de fazer para estarem conectadas a internet,

Uma pesquisa inglesa, da Swansea University, aprofunda o estudo sobre a dependência que os internautas têm de estar sempre conectados, bem como dos seus efeitos psicológicos nas pessoas.

A Universidade, situada na Grã-Bretanha, pesquisou 60 pessoas com idade media de 25 anos, fazendo diversos testes para checar seus níveis de vício na internet, alem do humor, ansiedade e depressão  Depois eles tinham 15 minutos de navegação na internet antes de fazerem testes novamente.

Esse tempo de navegação na internet fez com que as pessoas analisadas se sentissem "aliviadas" por estarem na internet novamente, e a falta, a abstinência  de internet as deixou mais irritadas, semelhante ao comportamento de outros vícios, como por exemplo o cigarro.

É exatamente aquela sensação que as pessoas tem de não poderem checar seus emails, status do facebook e outras coisas mais na internet, passa a impressao que estão perdendo  alguma  coisa importantíssima por não estarem na internet.

Esse vício tem cura?

Tem sim, como todos os outros vícios mas nem adianta procurar a cura no Google, busque apenas equilibrar mais a vida online com a pessoal, e claro, sempre visitando este blog, mas moderadamente.

Texto de mai/13

## O valor das palavras chave no Google

Como funciona o Google?

Quando você procura alguma coisa vai no Google digitar esta palavra para ver se encontra o que busca, simples não é?

Exatamente, simples assim o Google te mostra como encontrar aquilo que você procura, colocando ao seu dispor milhares de resultados daquilo que busca.

Mas quantas vezes você vai para a próxima pagina da pesquisa para tentar algum resultado mais profundo ou diferente do que apareceu?

Poucas vezes isso acontece. Graças a esse detalhe o Google tem um sistema que oferece a chance de quem oferece produtos e serviços de aparecerem na primeira pagina, basta pagar pelas palavras-chave.

No livro **Comércio Eletrônico - Desvendando o Seu Funcionamento**, tem um capitulo que mostra passo a passo como funciona este sistema e como fazer para anunciar no Google. Tem uma parte onde você precisa pagar pela palavra-chave que vai colocar para atrair publico para seu produto/ serviço o valor que vai pagar é determinado pelo Google, numa espécie de leilão que varia conforme a concorrência entre as próprias palavras.

As palavras mais caras, entre as mais buscadas, **conforme um pin no painel Infographics about Social Media Marketing do Nolegz:**

- Insurance (seguro) - U$54
- Gas/ Electricity (gás/eletricidade) - U$54
- Mortgage (hipoteca) - U$47
- Attorney (procurador) - U$47
- Loans (empréstimos) - U$44
- Claim (reclamação) - U$45
- Lawyer (advogado) - U$42
- Donate (doação) - U$42
- Conference Call (conferencia online) - U$42

## 5 Anos de Pesquisas e-Números - Comunicação Social

Analisando essas palavras podemos concluir os ramos da economia que mais anunciam, o que por conseqüência devem ser os mais procurados via Google também com destaque para as palavras dos setores bancário e legal, alem de mostrar que não deve ser tão simples criar alguma campanha de doações e donativos na internet, pelo menos nos Estados Unidos, pelo valor que custa a palavra DONATE.

Isto é muito importante para quem quer ter presença online, saber como fazer, o quanto investir, para aparecer no Google.

Texto de jul/13

## Um minuto de internet

Um minutinho de sua atenção, por favor.

Parece pouco, não acha?

Na internet acontece as seguintes coisas nesse tempão:

- mais de 2 milhões de pesquisas feitas no Google,
- mais de 200 milhões de emails enviados,

- mais de 80 mil dólares de vendas na Amazon,
- 6 novos artigos publicados no Wikipedia,
- mais de 270 mil logins no Facebook,
- mais de 100 mil novos tweets,
- mais de um milhão de vídeos vistos no Youtube,
- quase 50 mil downloads de aplicativos de smartphones.

Além de significar que um minuto é relativo, mostra o poder e rapidez da internet e de tudo que acontece nessa rede.

Estas informações foram tiradas de infográfico da Intel traduzido pela Agencia Social Tag - Mídias Sociais.

Texto de ago/13


O comportamento do internauta brasileiro

A e.life fez uma pesquisa para saber o comportamento do internauta brasileiro, entrevistando 650 pessoas através das redes sociais.

A pesquisa mostrou alguns avanços em relação ao último ano, vamos ver alguns números:

## 5 Anos de Pesquisas e-Números - Comunicação Social

O celular é a principal fonte de acesso a internet para 11%, enquanto para 54% esta na segunda posição aumentando o acesso por este dispositivo. Mas o acesso é curto, 55% acessam menos de 10 horas semanais.

O Facebook continua sendo a rede social preferida dos brasileiros, 82% tem perfil nesta rede. Enquanto o Google Plus e o Linkedin ampliam a sua abrangência o Orkut continua em queda livre. O Instagram e o Pinterest tiveram um bom aumento também, fortalecendo as redes sociais focadas em imagens e fotos.

A internet e a tv dividem a atenção de 71% dos internautas, enquanto 50% dividem com o radio.

93% curtem empresas nas redes sociais, sendo um importante canal de comunicação entre a empresa e seu publico, já que 49% passaram a admirar mais a empresa depois de seguir e acompanhar a empresa nas redes sociais.

Concluindo, o celular cresce em importância como local de acesso a internet, enquanto as redes sociais seguem como um dos principais meios de comunicação entre a empresa e o seu mercado, o seu consumidor. Portanto, devemos dar atenção ao formato dos sites no celular, a facilidade em navegar e cuidar com as contas empresariais nas redes sociais.

Texto de set/13

## Quanto anúncio !!!

Quando você abre uma pagina da internet sempre tem um anúncio por perto, não é verdade?

Para saber o tamanho, a quantidade de propaganda que aparece na sua frente na internet, a comscore fez um levantamento no mês de abril de 2013 no Brasil, publicado no MKTMais.

Foram mais de 130 bilhões de anúncios display visualizados pelos 72,6 milhões de internautas brasileiros no mês analisado, média de 1800 anúncios por pessoa, ou seja, em todo o tempo que você passou na internet deve ter passado na sua frente 1800 anúncios.

Apenas os 3 principais anunciantes online, Dafiti, Netflix e Netshoes tiveram seus anúncios impressos quase 6 milhões de vezes, representando 4,5% do marketing online no Brasil.

## 5 Anos de Pesquisas e-Números - Comunicação Social

Se você é um internauta que fica mais tempo que a média conectado a internet deve ver mais de 2 mil anúncios por mês, quantos destes consegue se lembrar?

Com essa concorrência fica cada vez mais importante a diferenciação nos anúncios para poder ressaltar a sua marca, o seu produto, o seu serviço o seu site, junto ao público alvo. Saber quem é seu público alvo também é muito importante, como por exemplo saber quem compra os produtos para bebes e crianças, como já vimos por aqui, para oferecer os seus produtos e serviços ao público certo.

Texto de out/13


## O e-contato do consumidor

Quando o produto, ou serviço, que você adquire tem algum problema, como vai tentar resolver essa questão?

Tem os SACs das empresas, emails, telefones, contatos pessoais, o site Reclame Aqui e o Procon.

Com as redes sociais surge nova maneira de botar a boca no trombone quando a empresa não te atende de forma satisfatória, basta falar mal da empresa, contando seu problema para todo mundo ficar sabendo que esta empresa não esta oferecendo bons produtos, ou serviços.

A revista Época Negócios fez uma reportagem interessante sobre o consumidor ativista, onde 38% dos consumidores consideraram que a empresa em que estava reclamando faltou com o respeito com ele. Outras reclamações foram quanto ao atraso na entrega de produtos, mau atendimento do SAC e propaganda enganosa.

Mas tem um outro lado também, as empresas estão começando a se preocupar mais em atender as reclamações de seus consumidores, em 2003 o índice de soluções dos problemas levantados pelos consumidores era de 19%, foi subindo ano a ano, atingindo 74% em 2012.

Na própria revista é colocado um estudo de Harvard comprovando que, entre os clientes que saíram satisfeitos em seus contatos com as empresas, 23% falam positivamente destas empresas, enquanto entre os que estavam insatisfeitos 48% falam deste problema a pelo menos 10 pessoas, isso sem contar as publicações nas redes sociais e seu efeito multiplicador.

Do lado do consumidor tem cada vez mais garantias que os produtos que as empresas estão oferecendo serão satisfatórios, e que se não forem as chances da empresa corrigir o problema que existir são grandes, protegendo o consumidor.

Do lado da empresa as redes sociais são um bom canal de comunicação entre elas e seus consumidores. Se o cliente entra em contato para reclamar da empresa significa que ele oferece a empresa a chance dela melhorar e corrigir o problema, resta a empresa atender e melhorar este ponto. Vamos dar um exemplo: você vai numa pizzaria e a pizza vem fria, reclama para o garçom, que repassa a reclamação ao responsável pela pizzaria, que vai verificar o que acontece para que não saiam mais pizzas frias para serem servidas. A outra opção seria comer a pizza fria e não falar nada, e nunca mais aparecer nesse lugar. Ou seja, você reclamando da pizza fria faz com que a pizzaria saiba desse problema e possa resolver essa questão, se ninguém reclamar a pizzaria não saberia porque estaria perdendo clientes. Quem reclama não pode ser considerado como um cliente chato, mas alguém que quer que o produto, ou serviço, seja o melhor possível.

A relação cliente-empresa mudou com as redes sociais, está mais aberta e clara.

Texto de dez/13

# 5 Anos de Pesquisas e-Números - Comunicação Social

# Marketing

## Marcas de Confiança 2009

A 8ª Pesquisa Marcas de Confiança, estudo realizado pela Revista Seleções e pelo Ibope Inteligência, identificou marcas de confiança para determinados produtos e serviços, num total de 42 categorias, além da marca mais socialmente responsável do país e as personalidades, profissões e organizações as quais os leitores da Revista Seleções mais confiam.

O resultado desta pesquisa fortalece a marca da empresa, personalidade, profissão e organização consultadas.

É diferente das pesquisas "Top of Mind", que também medem a força das Marcas, quando as mais lembradas pelos consumidores aparecem.

Nesta pesquisa sobre as Marcas de Confiança, a lembrança da Marca é mais forte, pois transmite credibilidade à mesma. Porque não é apenas lembrada pela pessoa, mas a confiança que ela representa é significativa. Não é apenas uma Marca, mas sim a credibilidade que esta Marca transmite ao público.

Na prática quer dizer que se uma empresa quer lançar um produto novo no mercado, se for "Marca de Confiança", têm mais chances do consumidor experimentar o produto, esta Marca transmite credibilidade aos seus produtos.

Um exemplo: na categoria sabão em pó a marca vencedora foi OMO, com 80%. Isso significa que os novos produtos que a empresa lançar com a Marca OMO têm mais chances de sucesso.

A Revista Seleções vai realizar o evento de entrega dos troféus aos vencedores no dia 04 de agosto, em São Paulo, com a palestra do sociólogo Fernando Henrique Cardoso sobre o tema "confiança".

Texto de jul/09


As ações de marketing social para o varejo online

No blog Plantão Online, no post desta quinta-feira, há uma matéria sobre uma pesquisa realizada pela

Forrester Research Inc. sobre o varejo online nos Estados Unidos.

Esta pesquisa mostra que 34% dos varejistas americanos declararam que aumentaram suas vendas graças a ações em marketing social, como blogs, reviews, ratings e páginas colaborativas.

**Mais números sobre essa pesquisa,** como os varejistas americanos tratam esta questão e como controlam os resultados destas ações você pode encontrar no blog Plantão Online, vale a pena conferir.

Texto de out/09

## O Teste Cego de Cerveja

O Teste Cego é uma maneira de mostrar o conhecimento sobre o gosto e sabor de algum produto. A pessoa experimenta o mesmo tipo de produto, mas de marcas diferentes, com os olhos vendados e escolhe qual gosta mais.

**O Instituto Datafolha fez um Teste Cego com 2560** pessoas durante os dias 2 e 15 de outubro de 2009 em 9 capitais brasileiras: São Paulo, Rio de Janeiro, Belo Horizonte, Porto Alegre, Curitiba, Salvador, Recife, Fortaleza e Manaus.

Antes de realizar o Teste Cego foram feitas algumas perguntas sobre cervejas. Entre as cervejas que os entrevistados têm o costume de tomar, as 3 principais foram a Skol, onde 69% tomam, Brahma com 48% e Antarctica com 32%, ou seja, as pessoas costumam tomar mais de uma marca de cerveja, já que a porcentagem de respostas ultrapassou os 100%.

Nas prateleiras dos supermercados a cerveja mais vendida é a Skol, seguida pela Brahma e pela Antarctica, mesma ordem de preferência verificada na pesquisa do Datafolha.

No Teste Cego eram oferecidos 2 copos de cervejas, de diferentes marcas, para o entrevistado, que ainda vendado apontava qual dos copos tinha a melhor cerveja. A cada nova entrevista (ou Teste Cego) eram oferecidas 2 cervejas diferentes, para que ao final do levantamento cada produto tivesse sido mostrado e experimentado pelo mesmo número de pessoas, e cada cerveja avaliada fosse comparada com todas as outras 4 da pesquisa na mesma proporção.

O resultado foi um empate técnico, a Kaiser teve 20,1% de pessoas que a escolheram como melhor cerveja, a Skol teve 19,8%, a Brahma 19,7%, a Antártica 19,4%, a Nova Schin 18,6% e 2,5% afirmaram que as duas cervejas que experimentaram tinham o mesmo gosto.

O resultado mostra que a melhor cerveja é a gelada, já que foi difícil distinguir o gosto de cada uma das cervejas experimentadas. Como o gosto das cervejas é muito parecido, a diferença no mercado é o resultado do marketing e da logística que está por trás de cada marca. Para se ganhar mercado nessa área o investimento não precisa ser na receita da cerveja, mas sim na forma como vai chegar às mãos do consumidor.

**No MKTMais** há uma análise interessante sobre essa pesquisa e faz comparações com um dos mais tradicionais e históricos Testes Cegos feitos nos Estados Unidos na década de 70.

Como hoje é sexta-feira, vamos brindar com uma **cerveja, é saudável!**

Tenham um ótimo fim de semana!

Texto de nov/09

## Programas de fidelização

Foi feita uma pesquisa com 6 milhões de usuários de cartão de credito no mundo, pela CSU MarketSystem e divulgada na revista Época Negócios, sobre os programas de fidelização que fazem parte do pacote de serviços que um cartão oferece hoje em dia.

Design bonito, juros baixos, anuidade zero já não são motivos suficientes para que as pessoas busquem um cartão de crédito, pela quantidade de diferentes opções existentes no mercado. Por isso é importante oferecer algo mais, surgindo dessa forma os programas de fidelização. Tudo que o cliente gasta no cartão de crédito volta para si mesmo de alguma forma, seja em milhas de viagem, em descontos em próximas contas, e até mesmo em dinheiro.

O retorno dos programas de fidelização às administradoras é considerável, o gasto dos que possuem cartão com programas de fidelização é 70% superior aos que têm cartão comum e são 38% mais propensos a financiar as compras e pagar juros.

Apesar desse sucesso, 60% nunca conseguiram trocar seus pontos por prêmios. Mas entre os que já fizeram pelo menos um resgate, o seu consumo aumenta em pelo menos 25%.

O programa de fidelização é sempre benéfico para o cartão, além do conhecimento sobre os usuários do programa, traz maior retorno financeiro também, mesmo descontando o que for preciso gastar para a distribuição dos prêmios aos fiéis consumidores.

É uma ótima estratégia de marketing.

Texto de fev/10

## O que elas acham?

Quando qualquer empresa pensa em vender algum produto ou oferecer algum serviço é importante saber quem pode ser o possível comprador para melhor definir a estratégia de atingir o seu público.

É importante saber não apenas quem é o cliente, mas quem influencia na compra. Para saber quem exerce **essa influência o Instituto Data Popular fez uma pesquisa** sobre os hábitos de consumo e como as pessoas fazem a escolha por qual produto ou serviço adquirir.

No blog MKTmais são analisados alguns produtos onde a opinião das mulheres tem um peso considerável na hora da escolha do produto ou serviço. Na compra de roupas masculinas a opinião delas conta em 77% dos casos, enquanto na escolha do carro da família a opinião feminina está presente em 69%. Na compra de produtos alimentícios a mulher opina e influencia em 86% das vezes, índice que baixa um pouco no caso de produtos de higiene e beleza, para 82%.

Agora, com relação a produtos exclusivos do público masculino, como é o caso das cuecas, a mulher continua sendo responsável até mesmo pela compra deste item do vestuário masculino, como analisamos no Pesquisas e Números anos atrás.

A presença feminina está cada vez mais presente na economia, seja como mãe, trabalhadora, empreendedora e também como a grande influenciadora das compras de produtos e serviços.

Texto de ago/11

## Brasil il il !!!

Mais uma pesquisa afirma que o Brasil está ficando mais valorizado no mundo.

Ano passado já havíamos analisado uma pesquisa da BBC onde o Brasil aumentava a sua influência e simpatia perante os outros povos do mundo, até mesmo entre os brasileiros nossa influência era considerada mais alta que entre as outras nações.

No final de 2011, em outro levantamento, que avalia as marcas-países, considerando 113 nações, o Brasil ficou em 31º, subindo 10 posições em relação ao levantamento anterior, sendo o país que mais ganhou postos na percepção mundial.

Os fatores que esse estudo leva em consideração são a qualidade de vida, o turismo, a cultura, a facilidade para fazer negócios, bem como os valores, a percepção que estrangeiros têm sobre itens como consciência ambiental, liberdade de expressão existente no país, o sistema jurídico, a tolerância e a liberdade política.

Na parte de turismo, mesmo não sendo, ainda, um dos destinos preferidos dos turistas mundiais, ficamos em 2º na lista de melhores praias, perdendo apenas para a Austrália.

O brasileiro é um dos povos mais felizes do mundo, como vimos em outro ranking mundial, sobre a felicidade. Tudo começa dentro de casa, o que acaba refletindo para fora, é a mesma coisa que acontece com os países, se o país está feliz, esta felicidade se irradia e conquista a simpatia dos outros, ganhando pontos e melhorando a marca-país.

Vários fatores contribuem para esse aumento de nossa popularidade no exterior, mas o principal é o nosso sentimento com nosso país, de mostrarmos as coisas ruins que acontecem em nosso país, mas nos orgulharmos das boas notícias e das conquistas brasileiras dos últimos anos.

Com a Copa do Mundo e Olimpíadas a caminho acredito que nossa popularidade vai ficar ainda maior, fazendo com que quando formos viajar ao exterior e falarmos que somos brasileiros, as pessoas nos recebam com um sorriso no rosto, além da inveja por morarmos num país como o Brasil.

Texto de mar/12

## A compra de artigos para bebê e infantis online

Quem faz a compra de produtos que não é feita pelos seus usuários, como artigos infantis e para bebês?

O Ibope quis saber a resposta para essa dúvida nas compras pela internet, vamos mostrar alguns dados do relatório de fluxo de consumo feito pelo E-tail report, com o monitoramento de venda online em 9 regiões metropolitanas nacionais e algumas cidades do interior das regiões sul e sudeste.

Fraldas descartáveis, cadeiras para automóveis, lenços umedecidos e brinquedos, respondem por 76% dos produtos que são comprados na internet para as crianças.

Como as crianças, por mais precoces em internet e informática que possam ser, ainda não podem fazer compras online, quem é o responsável por essas compras?

As mulheres respondem por 61% das compras dessa categoria na internet, mas acredito que esse número possa ser ainda maior, já que muitas mães utilizam o cartão de credito e os dados do pai da criança para comprar online.

Como já vimos outras vezes aqui, a mulher é quem decide a compra na maioria dos casos, portanto toda estratégia de marketing para a venda de produtos infantis deve estar direcionada a conquistar a atenção das mães.

Texto de jun/13


## O que fazer para o email marketing ser aberto e lido

O que faz você abrir um email para ver o seu conteúdo?

Se for pessoa conhecida quem enviou o email você provavelmente vai abrir antes dos outros.

Mas email de empresa, ou de alguém pretendendo oferecer algum produto ou serviço, o assunto do email tem importância fundamental na decisão de abrir, ou deletar, o email, não é verdade?

Em estudo divulgado pela MailerMailer publicado no E-commerce News, analisando mais de 1,4 bilhão de emails, mostra que o tamanho do texto colocado no assunto da mensagem tem influencia direta na decisão de abrir ou deletar o email.

Quando o assunto tem entre 4 e 15 caracteres a taxa média de abertura dos emails vai a 15%, enquanto acima desse tamanho o índice baixa a uma média de 10%, sendo que assuntos com textos entre 16 e 27 caracteres tem média de abertura de 9%, a partir de 28 caracteres a taxa sobe e fica estável perto dos 10%.

Primeiro passo é fazer com que o email seja aberto, depois fazer com que a pessoa leia, se interesse e clique no conteúdo do email para fazer a ação planejada.

Essa pesquisa também avaliou a taxa de cliques nas mensagens, novamente os emails com assuntos com menos de 15 caracteres teve a maior taxa de cliques, 2,6%, superior as que tem mais de 51 caracteres, que foi de 1,6%.

Depois que o email foi aberto, com o conteúdo personalizado, a taxa de cliques foi de 13,2%, pouco superior a de quando a linha de assunto foi personalizada, com 12,9% de cliques, enquanto as mensagens sem qualquer tipo de personalização ficaram com 9,8% de média.

## 5 Anos de Pesquisas e-Números - Comunicação Social

Vamos fazer uma conta simples, considerando envio de email marketing para 1000 pessoas. Com o assunto contendo 20 caracteres (por exemplo: Aproveite a promoção), 90 emails serão abertos, se o email não for personalizado apenas 9 terão cliques. Ou seja, a cada 1000 emails enviados apenas 9 podem direcionar o público ao conteúdo desejado, conforme os resultados dessa pesquisa.

O email marketing continua sendo uma ferramenta importante para a estratégia de marketing das empresas, como já vimos por aqui, mas é necessário todo cuidado e atenção desde a hora de criar o assunto até o momento de elaborar o email em si.

Claro que não tem formula pronta, alguma magia que vai fazer com que os seus emails sejam abertos, apenas tentando e testando até atingir a melhor forma de fazer com que seu publico interaja atraído pelos emails.

Texto de mar/14

## O investimento em marketing digital

A loja virtual tem uma vantagem sobre as lojas físicas, é possível mensurar toda a relação entre o consumidor e a loja, facilitando o trabalho do analista de marketing.

Para saber quais canais de marketing digital os e-empresários investem que trazem os melhores resultados foi feita uma pesquisa pela FBITS, vamos a alguns números:

- Google: através dos links patrocinados 22% das empresas afirmaram que pelo menos metade de seu faturamento vem através dessa ferramenta
- SEO (Search Engine Optimization): 40% das empresas tem entre 20 e 50% de seu faturamento vindo desse canal, que traz visitas "grátis" ao site.
- Email Marketing: 61% das empresas obtém ate 20% de seu faturamento através dos emails que são enviados ao público alvo.
- Comparadores de Preços: 47% das empresas tem nesse canal quase 20% do seu faturamento, sendo importante ressaltar que 39% das consultadas não costumam utilizar essa ferramenta.

### 5 Anos de Pesquisas e-Números - Comunicação Social

- Redes Sociais: 69% das empresas obtém menos de 20% de seu faturamento através das redes sociais. Isto não significa que não estão presentes nas redes sociais, mostra apenas a relação entre as redes sociais e o faturamento das empresas.

- Programa de Afiliados, Blogs e Parceiros: 56% das empresas obtém menos de 20% de seu faturamento vindo desse canal, sendo que 32% não costumam usar esse canal.

Duas analises distintas que podemos fazer sobre essa pesquisa, vamos usar o exemplo do Google.

A primeira mostra que o Google é um dos principais meios de comunicação para uma loja virtual, sendo fundamental para quem quer ter sucesso no ecommerce.

A segunda segue a mesma linha, o Google como o principal canal de vendas para a loja virtual, mas onde a concorrência também é a mais acirrada, portanto, vale a pena investir mais nos outros canais, com menos concorrência e com mais chances de sua empresa aparecer e ocupar um espaço de destaque.

Onde investir em marketing digital para obter o melhor resultado é a grande questão, mas com um alento, todo o investimento pode ser medido, e corrigido, se não trouxer o resultado esperado.                    Texto de mar/14

## 5 Anos de Pesquisas e-Números - Comunicação Social

# Comportamento

Que mau humor, e que sucesso!

Pesquisa desenvolvida pelo professor Joseph Forgas, da University of New South Wales, de Sydney, Austrália, analisou o estado de ânimo e sua influência nas pessoas.

O bom humor facilita a criatividade e a cooperação.

O rabugento, mau humorado, presta mais atenção ao mundo externo, por isso são melhores comunicadores e cometem menos erros em suas avaliações. A sua memória é melhor e toma decisões de forma mais prudente.

É o fim dos sorrisos no trabalho, agora ganha mais pontos com o chefe quem estiver de cara amarrada, esbanjando mau humor. Como já vimos nesse blog, o segredo do sucesso pode estar numa casa azul, no bigode, e agora também no mau humor.

Hehehe, ainda bem que toda regra tem suas exceções, espero que nesse caso as exceções sejam maiores que a regra, para que não aumentem ainda mais o número de pessoas rabugentas no mundo.

Texto de nov/09

## Seu Corpo: Manual do Proprietário

Você conhece o seu corpo?

A revista Veja desta semana tem matéria de capa sobre um estudo dos médicos americanos Michael Roizen e Mehmet Oz sobre o funcionamento do corpo humano.

Conhecer seu corpo lhe dá o poder de controlar, mudar, manter e fortalecer esse seu precioso bem.

Hábitos saudáveis podem lhe dar mais tempo de vida:

+ 8 anos = vida sexual ativa, segura e prazerosa
+ 5 anos = não fumar
+ 3 anos = dormir bem
+ 3 anos = fazer exercícios físicos regulares
+ 3 anos = alimentação regrada e prazerosa

+ 1,5 anos = manter o bom humor e ter emoções positivas

+ 1,4 anos = manter-se intelectualmente ativo

Se essa lista acima faz parte de sua rotina, pode acrescentar mais 24,9 anos à sua expectativa de vida. No Brasil a expectativa de vida para os homens é de 69 anos, e para as mulheres 76,5 anos. Assim, você, conhecendo seu corpo, pode curtir a sua aposentadoria por mais tempo que o brasileiro médio, conforme comentamos nesse blog. Se for homem, ao invés de 4 anos, você terá 28,9 anos e se for mulher terá 41,4 anos para aproveitar a sua aposentadoria.

Para a mudança de hábitos e uma vida mais saudável é importante o conhecimento do próprio corpo, como você está nesse caso? Você pode acessar o teste da Veja aqui e conferir.

Eu fiz o teste, levou 12 minutos e cada pergunta tem a resposta explicada sobre o assunto. Apesar de algumas questões difíceis, por serem mais técnicas, acertei 76%, o que me coloca com conhecimento acima da média sobre meu corpo. Mas ainda preciso saber um pouco mais sobre meu próprio corpo para chegar na média brasileira de 93,9 anos de idade. (expectativa de vida dos homens no Brasil de 69 anos mais os 24,9 anos ganhos com hábitos saudáveis de vida)

Texto de nov/09

## FIB – Felicidade Interna Bruta

No Butão, país do Himalaia, em 1972 seu rei questionou se o cálculo do PIB (Produto Interno Bruto) era suficiente para dizer se uma nação é desenvolvida ou não. A partir desta época o reino do Butão começou a atrair a atenção dos outros países com uma nova fórmula para o cálculo da riqueza e grau de desenvolvimento dos países, considerando aspectos como a conservação do meio ambiente e a qualidade de vida das pessoas, além dos meros números econômicos sobre o PIB dos países. Assim nascia o conceito do FIB – Felicidade Interna Bruta, que tem como seus quatro pilares a economia, a cultura, o meio ambiente e a boa governança. Deles derivam-se os 9 índices para medir a Felicidade de uma nação:

Bem estar psicológico

Boa governança

Cultura

Educação

Meio ambiente

Padrão de vida

Saúde

Uso do tempo

Vitalidade comunitária

O FIB significa desenvolvimento baseado no bem-estar do ser humano. Não vamos questionar aquele ditado popular "o dinheiro não traz felicidade", mas não há dinheiro que pague um sorriso no rosto duma criança, o bem-estar das pessoas está acima de qualquer quantia de dinheiro. No blog comentamos a importância de conhecer o próprio corpo para melhorar a qualidade de vida, e em todos os hábitos que podem acrescentar 24,9 anos à vida das pessoas nenhum deles depende de dinheiro.

Para que um país possa ter grandes índices de FIB é necessário que sua população tenha seus índices FIB elevados, eu fiz o meu teste, consegui índice 71, considerado feliz, meu maior número foi relacionado com o corpo (índice 81) e o pior com meu bolso (índice 62). E você, como está seu índice FIB? Faça o teste aqui e confira.

Texto de nov/09

## O jogo da sedução, o quanto deve ser mostrado

Cientistas da Universidade de Leeds, na Inglaterra, descobriram o número certo sobre o quanto a mulher deve mostrar do seu corpo para seduzir o público masculino.

As 4 cientistas responsáveis pelo estudo foram a uma das maiores boates da cidade e registraram o que as mulheres estavam usando e as vezes que eram abordadas.

O número mágico é 40%. As mulheres que mostraram 40% de seu corpo foram 2 vezes mais abordadas que aquelas que estavam totalmente vestidas, e foram mais vezes abordadas até mesmo por que aquelas que deixaram mais partes do corpo à mostra.

Humm, e como é deixar 40% do corpo à mostra?

O estudo considerou que cada braço representa 10%, cada perna 15% e o torso 50% do corpo feminino.

40% significa deixar 2 pernas e 1 braço a mostra, ou ainda os 2 braços e as 2 pernas com meia soquete até o joelho.

E no Brasil, qual seria o número mágico?

A Inglaterra é um país com clima mais frio que o nosso, por isso é comum as pessoas, homens e mulheres, usarem mais roupas do que no Brasil, que tem o clima mais quente. Se a mesma pesquisa fosse feita por aqui acredito que o número ideal da sedução seria diferente. O que vocês acham?

Texto de dez/09

## A linguagem do choro dos bebês

Kathleen Wermke, da universidade de Wuerzburg (Alemanha) é uma das autoras do estudo sobre os sons que os recém nascidos humanos emitem nas suas primeiras horas de vida.

Os recém-nascidos são capazes de reproduzir diferentes tons quando choram e a preferência é pelo idioma que ouviam enquanto estavam no feto, na barriga da mãe.

O estudo foi feito analisando-se o choro de 60 bebês saudáveis, entre 3 e 5 dias de vida após o nascimento. Foram analisados 30 recém-nascidos franceses e 30 alemães. Os bebês franceses choravam em um tom ascendente, típico da língua francesa, enquanto os alemães em um tom descendente, como no idioma alemão.

A análise da pesquisa destaca a importância do choro para o futuro desenvolvimento da linguagem. Mais uma informação mostrando a importância do que ocorre e se passa na gestação para o desenvolvimento do bebê.

Texto de dez/09

## Cachorro ou academia? Dúvida cruel

Hoje, segunda-feira, ínício da semana, dia de começar a fazer dieta e exercícios físicos para perder as calorias que o fim de semana nos trouxe. Mas, onde fazer os exercícios, a academia é o lugar mais indicado?

**Um estudo feito na Grã-Bretanha com 5 mil pessoas, sendo 3 mil donos de cachorros, analisou o tempo dedicado ao passeio com os cachorros e idas à academias de ginástica, publicado no Telegraph.**

Os passeios com os cães são feitos pelo menos 2 vezes ao dia, de 24 minutos de duração em média, acrescente-se 3 passeios mais longos durante a semana, resulta no total de 2 horas e 33 minutos. Dessa forma chega-se a 8 horas semanais de caminhadas junto ao melhor amigo do homem.

Os britânicos freqüentadores de academia costumam passar 1 hora e 20 minutos semanais na academia ou em exercícios físicos ao ar livre.

Passear com seu cachorro é sentido como obrigação para apenas 22% de seus donos, enquanto 70% dos atletas consideram os seus exercícios físicos como uma tarefa a ser feita. Passear com o cachorro é mais prazeroso que freqüentar a academia.

E quando falta tempo na rotina diária dos britânicos, o que fazer?

Para 60% dos donos de cães sempre é possível encontrar uma brecha no seu tempo para o passeio com seus cachorros. Por outro lado, 46% dos freqüentadores de academia sempre acham uma desculpa para não fazer os exercícios e "faltar" aos exercícios físicos.

**Como vimos nesse blog, o cachorro es**tá ocupando um espaço importante e cada vez maior nas famílias brasileiras, agora, com esse estudo inglês, passear com o cachorro é até mais saudável que ir à academias e fazer exercícios físicos.

Texto de dez/09

## A melhor hora para o seu corpo

A escritora científica Jennifer Ackerman lançou nos Estados Unidos o livro Sex Sleep Eat Drink Dream (Sexo Dormir Comer Beber Sonhar), sobre a cronologia, que é a agenda do corpo humano, como o nosso corpo se comporta durante o dia.

Estudos nessa área mostram que se o corpo dependesse apenas da carga genética, o ciclo de fome e sono seria de 25 horas. Ou seja, os dias são curtos para o corpo fazer tudo que necessita, por isso estamos sempre atrasados ou com pressa, culpa desses dias de 24 horas.

Pela manhã, o nariz escorre mais, a pressão arterial é maior, os ataques cardíacos são mais freqüentes, a coagulação sanguínea é maior e o nível de testosterona nos homens atinge seu ápice às 8:00. Os jovens adultos se distraem mais facilmente, enquanto os adultos mais velhos estão mais concentrados. A manhã é mais propícia a exercícios físicos que exijam equilíbrio e equidade.

À tarde a qualidade do sêmen é melhor, a produção de espermatozóides é 35 milhões de vezes maior, a sensibilidade à dor nos dentes é menor e a temperatura do corpo atinge o seu ápice. Os jovens adultos se concentram mais, enquanto os adultos mais velhos são mais vulneráveis á distração.

No horário do happy-hour a cervejinha é bem vinda, o fígado é mais eficiente na desintoxicação do organismo entre 17 e 18 horas. A percepção da exaustão é menor, as juntas estão mais flexíveis e as vias aéreas mais abertas, é possível ter um ganho muscular até 20% maior do que de manhã para a prática de exercícios físicos.

De noite a resposta da pele à alergia é maior, e de madrugada as crises de asmas são mais fortes, porque as passagens bronquiais diminuem em 8% os seus diâmetros.

Crianças e idosos tendem a ser matutinos. Cerca de 10% a 12% da população são matutinos; 8% a 10% são vespertinos. A maioria, 80%, está numa situação intermediária e seu corpo reage como comentamos acima.

**Já vimos nesse blog que você deve** conhecer o seu corpo, agora vemos também que é preciso conhecê-lo para agendá-lo da melhor maneira possível.

Como deve ser o seu dia:

Acorde, assoe o nariz, relaxe, não se estresse para não aumentar mais ainda a sua pressão. Almoce, se quiser ter um filho, a hora é agora, depois vá ao dentista, pratique esportes e beba uma cervejinha (prática saudável o esporte e a cerveja, já vista aqui no blog). Antes de dormir, não esqueça do repelente para evitar a chegada de seres nocivos à pele (esses seres são notívagos, experiência própria) e mantenha o local arejado para ajudar na circulação, já que as passagens bronquiais serão menores.

Pronto, a agenda do seu corpo está feita.

Texto de dez/09


## Perigo para o solteiro

Estudo feito pela Universidade de Tel Aviv, de Israel, com 10.059 homens, chegou a conclusões preocupantes para os solteiros.

Em 1963 estes homens analisados completaram o "Estudo Israelense de Doença Cardíaca", e foram acompanhados até 1997. Em 1965 tiveram que informar sobre seu estado civil e classificar sua união como bem sucedida, ou não. O cientista Uri Goldbourt usou esses dados para fazer ajustes estatísticos para fatores como classificação social, obesidade, pressão arterial, tamanho da família, hábito de fumar e doenças como diabetes e cardiopatias.

A principal conclusão que a pesquisa chegou foi a que os solteirões convictos têm 64% mais chances de sofrer um AVC (Acidente Vascular Cerebral) do que os casados felizes.

Uma união estável é saudável para o homem, conforme esta pesquisa israelense concluiu.

E os homens casados infelizes, têm mais chance que os solteiros convictos de sofrerem um AVC? E as mulheres, qual a relação da sua união com sua saúde?

Estas dúvidas não foram respondidas por esta pesquisa, mas serve como sugestão para novos estudos a esse respeito.

Texto de mar/10

## Desonestidade, problema global

Notícias sobre desonestidade e corrupção são vistas com freqüência nos noticiários locais.

Em Brasília a notícia sobre corrupção mais recente foi o caso dos panetones e do dinheiro na meia. O responsável pelo esquema de corrupção, Governador do Distrito Federal, está preso e deve responder pelos seus atos. A desculpa para todo o dinheiro na meia, e outras partes do corpo era que essa quantia serviria para comprar panetones a serem distribuídos às famílias carentes.

A agência que controla dos taxis da cidade de Nova York instalou aparelhos de GPS em alguns veículos no ano de 2008 para verificar a cobrança efetuada **pelos motoristas aos seus passageiros. Descobriu que nesse período 1,8 milhões de viagens tiveram cobranças** indevidas, a mais de, na média, U$ 4,45. Quanto dá essa conta? 1,8 x 4,45 significam U$8 milhões cobrados a mais dos passageiros que entraram em algum taxi em Nova York nesse período.

Nesses 26 meses de avaliação foram realizadas 361 milhões de viagens, ou seja, houve fraudes, cobranças "extras" em "apenas" 0,5% das viagens, foi a desculpa dada pela agência para justificar o comportamento desonesto de alguns motoristas de taxi.

Quem é mais corrupto, o político de Brasília ou o taxista nova-iorquino?

Os dois casos ofereceram justificativas para seus atos, panetones seriam oferecidos à pessoas carentes e a cobrança a mais dos taxistas era pouca coisa, "quase" nenhum motorista fazia essa prática. Duas "desculpas esfarrapadas".

O que fica evidente é que a desonestidade não escolhe cor, raça, sexo, religião, muito menos países, e a falta de ética está globalizada, evidenciada nesses dois casos, um no Brasil e outro nos Estados Unidos.

O comportamento honesto deve ser ensinado em casa, na família, para que pelo menos as crianças no futuro possam resgatar a ética que parece ter sido deixada em segundo plano pelo mundo afora.

Texto de mar/10

Carona? Cuidado

Os jovens, quando saem com seus amigos costumam aceitar carona sem considerar se o motorista está em condições de dirigir o veículo ou não. Foi o que concluiu a pesquisa feita pelo Denatran com 868 adolescentes de 6 capitais brasileiras no final de 2009.

Para 61,2% dos meninos consultados a carona com um motorista que havia bebido álcool seria normal e aceito, enquanto entre as meninas o número é menor, mas continua sendo alto, de 50,7%.

A proibição de dirigir após ter bebido álcool recebe apoio de 84,9% dos meninos e 91,4% das meninas. A Lei Seca é conhecida por 84,9% dos jovens, e 63,4% concordam com ela.

Em 2009 o Denatran gastou R$120 milhões em campanhas educativas sobre o trânsito, mas 51,8% dos pesquisados não lembrou nenhuma atividade educativa a esse respeito em suas escolas, e apenas 40% lembraram de alguma propaganda vista sobre o trânsito na mídia.

A combinação álcool e direção não combina, acredito que essa frase seja unânime entre todos, mas na prática não é o que acontece. Os adolescentes pesquisados, que serão motoristas nos próximos anos, precisam ter mais consciência e cuidado evitando combinar álcool e direção, que é uma mistura fatal.          Texto de abr/10

## A fórmula do amor

Em números, a chance duma pessoa ser amada foi calculada pelo matemático italiano Sérgio Rinaldi na fórmula:

$x1(t)=-a1x1(t) + R1(x2(t))+I1(A2)$

$x2(t)=-a2x2(t) + R2(x1(t))+I2(A1)$

Onde 1 representa um amante e 2 o outro, enquanto x1 e x2 representam o volume de amor que um sente pelo outro.

Quanto mais atraente, maior é a chance de ser amado, já que a paixão de 1 aumenta proporcionalmente ao nível de atração exercido por 2.

Simples não?

Não é nada simples, pois como medir o nível de atração entre 2 pessoas?

E como mensurar a atração física, intelectual, sexual e financeira?

Bom, não é preciso fazer contas para descobrir que não é tão simples assim encontrar a pessoa ideal. Mas se quiser saber de mais fórmulas para o amor, a escritora inglesa Clio Cresswell escreveu um livro com uma compilação científica sobre o amor, **Mathematics and Sex**.

Texto de abr/10

### São as companhias

Beber socialmente pode ser bom, ou ruim, depende da maneira de como nos relacionamos com nossos grupos sociais e dos comportamentos desses grupos.

**Estudos feitos pelo sociólogo Nicholas A. Chistakis, do** departamento de políticas de assistência médica da Universidade de Harvard e pelo cientista político da Universidade da Califórnia James Fowler analisam as redes sociais com saúde, bem-estar e assistência médica.

Se alguém bem próximo a você bebe muito, você tem 50% a mais de probabilidade de beber muito também, se um amigo do amigo bebe muito, suas chances de seguir esta linha aumentam em 36%, mas se alguém da sua rede social em terceiro grau, por exemplo, o primo da mãe da sua namorada, as chances de seguir o comportamento aumentam em 15%, mas pára no quarto grau de separação.

Para cada pessoa na rede social que exagera na bebida, a chance da pessoa beber muito cresce em 18% e a probabilidade de não beber nada diminui 7%. E vice-versa, para cada um que não bebe a chance de ser alguém que bebe muito cai em 10%. Para cada amigo abstêmio, as pessoas têm 11% menos chance de beberem de forma moderada, sendo 22% mais provável que também não bebam.

No Pesquisas e Números vimos a influencia da companhia na alimentação das mulheres, onde a refeição era mais, ou menos, calórica conforme quem estava fazendo a refeição junto.

Aqui está comprovado cientificamente o ditado popular: "diga-me com quem andas que eu te direi quem é".

Texto de mai/10

## Confiar na intuição, ou nos números?

Na hora de tomar uma decisão, é melhor confiar na sua intuição, ou em pesquisas e números?

**Há vários estudos científicos analisando essa dúvida,** comparando decisões tomadas baseada no sexto sentido das pessoas, na intuição, com levantamentos estatísticos.

A intuição funciona bem em características específicas, leva-se tempo para desenvolvê-la. Muitas vezes não sabemos de onde vêm as idéias, não sabemos se elas surgem espontaneamente ou se são preconcebidas. Ou seja, a nossa intuição sobre a própria intuição é vaga.

Pesquisa realizada em 2000 avaliou 136 estudos que compararam a qualidade das decisões humanas com a das tomadas com ajuda de algoritmos. Em 65 dos estudos não houve conclusões, em 63 os números foram melhores, 46%, e em apenas 8, 6% do total, a decisão humana apresentou melhores resultados.

Mas pode-se melhorar a intuição, recorrendo-se aos números. Atualmente há uma massa enorme de pesquisas e números sobre os mais diversos assuntos, esses números ajudam a nortear a nossa intuição, melhorando a nossa tomada de decisão.

O professor Yan Aires, de Yale, escreveu um livro sobre o tema, Super Crunchers: Why Thinking-by-Numbers Is the New Way to Be Smart, (ainda não traduzido no Brasil, mas significa: Porque pensar por números é a nova forma de ser inteligente).

Na hora de tomar qualquer decisão, os números podem ajudar, são várias estatísticas sobre os mais variados assuntos à disposição para consulta, e se não encontrar, pesquise, é simples.

Texto de mai/10

## A chefa, ou o chefe, quem é melhor?

Pesquisa da Duke University, nos Estados Unidos, com 300 estudantes de graduação e pós-graduação da instituição, chegou a conclusão que as mulheres são melhores como líderes que os homens.

Para a pesquisa foram analisadas características de líderes fictícios, e comparando os resultados obtidos para os homens e para as mulheres, as respostas foram mais favoráveis à ascensão delas.

Em ambientes de negócios, a competência e a simpatia são adjetivos mais comuns entre as executivas, além de saberem levar melhor os relacionamentos profissionais.

Esta pesquisa avaliou a liderança feminina nos Estados Unidos. E no Brasil, como seria?

A pesquisa mais recente sobre o empreendedorismo, do GEM, realizada anualmente em mais de 50 países, comprovou que a atividade empreendedora nos Estados Unidos é de 8%, sendo que 37% destes são mulheres. No Brasil a mesma pesquisa comprovou que 15% dos brasileiros estavam à frente de algum negócio em 2009, e 53% destes empreendedores pertenciam ao sexo feminino. Ou seja, o Brasil está à frente dos Estados Unidos no que diz respeito à mulher empreendedora, sendo assim, a tendência é a mulher aumentar o seu espaço na vida econômica brasileira, ainda mais depois que esta pesquisa concluiu a superioridade feminina no papel de líder.

Texto de jun/10

## No banho o Brasil dá um banho

Para saber os hábitos de higiene dos países no mundo, e poder compará-los, a Reckitt Benckiser, indústria de produtos de higiene e cuidados pessoais, fez uma pesquisa mundial com mais de 45 mil pessoas. No Brasil foram 1.057 entrevistados em 4 capitais.

O brasileiro lava as mãos 35,7 vezes por semana, 5 por dia. A média é parecida com países como Itália, França, Rússia, Reino Unido, Alemanha, Estados Unidos, China, Índia e Japão, que lavam as mãos de 31 a 37 vezes por semana. Se considerarmos 3 refeições e 3 idas ao banheiro todos os dias, é pouco o hábito de lavar as mãos 5 vezes por dia, sinal que não são em todas as refeições ou em todas as idas ao banheiro que as mãos são lavadas nesses países.

O chuveiro é ligado 19,8 vezes por semana no Brasil, índice maior que as 7,4 vezes dos americanos e 5,6 dos britânicos.

A banheira é utilizada pelos russos 3,8 vezes por semana, pelos brasileiros 2,5 enquanto os japoneses vão à banheira 8,5 vezes na semana.

Na Itália o chuveiro é utilizado 6,1 vezes na semana para o banho, mas 11,5 a pia é utilizada e em 13,7 vezes na semana o bidet serve a esses propósitos.

Os hábitos de higiene dos povos são difíceis de serem alterados, faz parte da cultura local, portanto, para a indústria e comércio de produtos de higiene e cuidados pessoais o importante é direcionar os seus produtos para os públicos específicos. Esse é o papel do planejamento do marketing. Por exemplo, produtos para banhos de banheira encontram o seu maior público consumidor no Japão, enquanto produtos dirigidos ao bidet têm mais chance de sucesso na Itália que em qualquer outro país.

Texto de jun/10

## Ranking da felicidade

Tudo bem?

A resposta para essa pergunta pode vir de várias maneiras, sobre como vai a saúde, como foi o dia, mas, principalmente se a pessoa está feliz.

Pensando em medir a felicidade dos povos, o Instituto Gallup e a revista Forbes realizaram pesquisas entre

2005 e 2009 em 155 países, e o resultado foi a elaboração do ranking da felicidade da população destes países. As perguntas levavam as pessoas a avaliarem a satisfação geram com as suas vidas.

No Brasil 58% declararam-se felizes, e apenas 2% afirmaram estar sofrendo, chegando a uma nota média geral de 7,5, como o 12º país com a população mais feliz do mundo. Os países escandinavos lideram este ranking, enquanto países africanos, como Togo, Camarões e Burundi estão no final do ranking.

No Pesquisas e Números já falamos da importância da felicidade como parâmetro para medir a riqueza dos povos, com a Felicidade Interna Bruta, FIB, agora surge um ranking da felicidade para medir e comparar os países do mundo quanto à felicidade da população.

O bem estar, o bom humor, o estado de espírito, estão se tornando importantes no dia a dia das pessoas. É o que importa,não o quanto as pessoas têm de dinheiro, mas sim a vida que levam, e a qualidade de vida é fundamental no desenvolvimento humano. As pessoas felizes vivem mais e melhor, inclusive rendendo mais no trabalho, ajudando no crescimento do país em que vivem.

Texto de jun/10

## Os chefes maus

Pode um chefe mau ser bom chefe?

No Pesquisas e Números já vimos que o rabugento é mais produtivo no trabalho do que o sempre sorridente, agora uma pesquisa da Universidade de Nebraska analisou 900 cadetes do exército americano para definir os traços de personalidade que dizem se a pessoa terá capacidade de liderança ou não.

Arrogância, narcisismo, hesitação, dramatismo e inflexibilidade podem ser qualidades benéficas para a gestão de líderes de determinados setores.

A pesquisa concluiu que ser cético em excesso é prejudicial, mas ter uma natureza mais hesitante está associado a uma melhora no desempenho profissional e no desenvolvimento da capacidade de liderar.

Algumas características negativas nas pessoas, como narcisismo, críticas exageradas aos outros, rigidez em seguir regras, tiveram efeitos positivos na liderança, segundo esta pesquisa. Mas esses traços sozinhos têm efeitos mínimos, apesar de que juntos foram fundamentais para determinar os que poderiam ter sua capacidade de liderar desenvolvida. As características negativas podem ser adaptadas e até mesmo aproveitadas para cargos e empregos específicos em que essas qualidades, ou defeitos, sejam importantes.

Mas não se pode exagerar, o Pesquisas e Números já analisou que o mau humor do chefe é prejudicial à saúde dos seus funcionários, aumentando o risco de sofrer problemas cardíacos. Então algumas características negativas podem ser benéficas para o chefe, mas que não chegue ao ponto de prejudicar a saúde de sua equipe.                                     Texto de jul/10


## Palmadas na lei

Mais uma lei polemica é aprovada no Brasil, proibição de dar palmadas nas crianças.

Uma lei é promulgada para que hábitos e costumes das pessoas sejam legalizados e os desvios no comportamento possam ser punidos.

Para saber quais os hábitos e costumes da população curitibana sobre a palmada na educação das crianças, a Paraná Pesquisas saiu as ruas para consultar quem tem filhos menores de 21 anos. A pesquisa foi publicada na Gazeta do Povo.

A maioria dos pais entrevistados, 88% levaram palmadas quando eram crianças, sendo que 77% as consideraram justas. 72% são favoráveis à aplicação de palmadas como uma forma de educar e 70% já usaram esta forma de castigo físico em seus filhos.

A lei veio na contramão dos hábitos e costumes da população, apenas 30% afirmaram ser favoráveis a ela. A palmada foi, e ainda é, uma forma que os pais tem para educarem os filhos. Claro que aqui a palmada não pode ser confundida com espancar os filhos, bater para machucar, de maneira violenta, porque dessa forma a violência gera mais violência e ao invés de educar acaba criando uma criança que será um adulto violento. No momento que a palmada vira agressão física violenta, não é necessária uma "lei da palmada" para enquadrar os pais, bastava aplicar as leis que punem agressões físicas.

Texto de nov/10

## Chove lá fora e aqui vamos trabalhando

A chuva traz sentimentos opostos nas pessoas.

Enquanto uns odeiam porque tem que sair na chuva e provavelmente vão se molhar e permanecer molhados o restante do dia, outros ficam felizes com São Pedro quando decide mandar chuva à terra.

A chuva não traz alegria apenas aos agricultores que ficam esperando ela chegar para que a colheita seja farta, mas também os taxistas, motoboys, empresas de delivery de comida e lavanderias têm mais movimento em dias de chuva, como já analisamos por aqui.

A economista Marie Connolly da Universidade de Princeton, nos Estados Unidos, resolveu cruzar dados sobre o trabalho dos americanos com a meteorologia, para analisar o efeito da chuva na rotina de trabalho do americano.

As mulheres trabalharam 3 minutos a mais nos dias de chuva, enquanto os homens permaneceram em média 30 minutos a mais no trabalho enquanto chove.

Esse resultado pode ser analisado por dois ângulos, o primeiro é que o homem é mais profissional, dedicando mais tempo ao trabalho, enquanto pelo segundo ângulo o homem tem mais preguiça de sair e se molhar, portanto fica esperando a chuva passar para sair do trabalho.

Qual das duas análises é a correta?

Hummm, acho que um pouco de cada.

Texto de nov/10

Valores humanos

Qual a importância dos valores humanos para o desenvolvimento dos países?

Pensando nisso a ONU divulgou um estudo inédito no mundo sobre um índice capaz de fazer essas medições, o IVH (Índice de Valores Humanos). O IVH indica o grau de respeito a valores nas áreas de saúde, conhecimento e padrão de vida, retratando as vivências nas áreas de saúde, educação e trabalho.

No Brasil os dados para o cálculo do IVH foram coletados pelo Instituto Paulo Montenegro, ligado ao IBOPE, pesquisando 2.002 brasileiros em 148 municípios em 24 estados brasileiros.

O índice vai de 0 a 1, o Brasil obteve IVH de 0,59, sendo que na área de saúde foi o valor mais baixo, 0,45, em educação ficou em 0,54 e chegou a 0,79 em trabalho, mostrando que a vivência dos brasileiros no ambiente de trabalho é superior às demais. Na região sul é onde o IVH-T (relativo ao trabalho) atinge seu maior valor, 0,84

Na área educacional, a opinião de 35,7% dos brasileiros é que a educação deve priorizar conhecimentos no sentido de formar bons cidadãos, para 30,5% é importante para conseguir emprego, 23,3% consideram que a educação forma boas pessoas e 10,5% consideram-na importante para ter uma boa vida.

Já na área de saúde, a maioria dos brasileiros considera demorado o atendimento em postos de saúde e hospitais, para 42,8% consideram regular o interesse dos profissionais de saúde quando estão sendo atendidos.

O IVH do Brasil não é alto, esse é um índice importante, os valores humanos devem ser respeitados e preservados. A subida desse índice não depende do crescimento econômico ou de políticas governamentais, mas sim das atitudes de todos nós, individualmente, que podemos, e devemos, melhorar os nossos valores humanos, só temos a ganhar com isso.

Texto de nov/10

## Pagamento de suborno

A pesquisa "Barômetro 2010 sobre a Corrupção Global", realizada em 86 países com 91,5 mil pessoas, pela organização não governamental Transparência Internacional traz resultados assustadores.

Para 6 entre cada 10 entrevistados a corrupção em 2010 foi maior que no ano anterior, 1 em cada 4 afirmaram que nos últimos 12 meses pagaram algum tipo de suborno a alguma instituição ou organização governamental. De cada 10 pessoas que tiveram contato com a polícia nos países pesquisados, 3 pagaram algum tipo de suborno.

## 5 Anos de Pesquisas e-Números - Comunicação Social

As pessoas mais pobres estão 2 vezes mais propensas a pagar suborno para ter acesso a serviços básicos, como educação, do que as mais ricas.

8 em cada 10 pessoas consideram os políticos em seus países como corruptos, sendo que metade das pessoas consideram ineficientes as políticas anticorrupção que são tomadas.

Os taxistas novaiorquinos enganam seus passageiros com cobranças indevidas, quando várias vezes costumam fazer trajetos mais longos apenas para cobrar um pouco a mais pela corrida. As empresas brasileiras não fogem de problemas com crimes internos, conforme vimos em 2010 no Pesquisas e Números quando 70% das empresas já haviam passado por problemas com crimes internos.

A desonestidade, a corrupção, a falta de ética são problemas mundiais, não são apenas de um ou outro país. Mas cabe a cada um de nós fazer a sua parte contra isso, não é o valor do suborno em si o problema, mas sim a atitude de pagar indevidamente que não está certo. Se pagamos "uma cervejinha" ao guarda que está multando por ter estacionado em local proibido, estamos na mesma linha do taxista novaiorquino que cobra a mais pela corrida e pelo político que guardou dinheiro ilícito na cueca, não está certo.

No Brasil vimos que a imprensa pode ser uma aliada no combate à corrupção, então além de nós mesmos fazermos a nossa parte, de não oferecer nem aceitar qualquer tipo de pagamento ilegal, vamos divulgar, escrever, denunciar à imprensa quando soubermos de casos de corrupção.

Texto de mar/11

## Respeite a velocidade

O Fantástico, da Rede Globo, divulgou uma matéria no mês de março sobre a máfia dos radares nas cidades brasileiras. Esta matéria mostrava que as empresas que instalavam os radares para controlar avanços de velocidade nas vias públicas das principais cidades do país o faziam de modo excuso junto com as autoridades responsáveis nos municípios.

Curitiba foi uma das cidades mostradas na reportagem, que logo após o domingo em que foi exibida a Prefeitura da capital paranaense suspendeu os serviços de radar para controle de velocidade até que as denúncias de irregularidade sejam investigadas.

E qual a opinião da população sobre os radares?

A Paraná Pesquisas entrevistou a população curitibana em março para saber a opinião popular, vejamos alguns resultados:

68% são favoráveis à instalação de radares nas vias públicas, esse índice baixa para 59% entre quem dirige, mas ainda tem mais gente favorável do que contra os radares;

66% acreditam que os radares são uma forma eficiente de melhorar a segurança no trânsito;

84% não sabem para onde vai o dinheiro arrecadado com as multas aplicadas pelos radares.

Pelos números dá para sentir que o radar é uma boa ferramenta para controlar o abuso de velocidade nas vias públicas, o grande problema é a falta de transparência que há entre os contratos das empresas fornecedoras dos radares e o poder público. Resolvendo esta questão os radares podem continuar com sua função de melhorar a segurança no trânsito

Texto de abr/11

## A maluquice de empreender

O brasileiro é empreendedor, conforme **as pesquisas do GEM, Global Entrepreneurship Monitor, tem constatado ano após ano, em trabalho realizado pelo IBQP.**

O psiquiatra americano John Gartner, d**a John Hopkins Medical School, concluiu que os empreendedores, especialmente da área tecnológica, tem uma disfunção psiquiátrica que atende pelo nome de Hipomania. Gartner avaliou que a probabilidade** de que muitos empreendedores serem hipomaníaco existe, traçando algumas características comuns entre o empreendedor e o hipomaníaco como serem cheios de energia, as idéias estarem transbordando, se arriscam, são ficados, incansáveis e eufóricos, citando apenas algumas características comuns.

Isto não quer dizer que o empreendedor seja maluco a ponto de se considerar um Deus, mas pode-se dizer que se considera um presente de Deus, pelo menos os da área tecnológica.

## 5 Anos de Pesquisas e-Números - Comunicação Social

Lembrando a própria pesquisa GEM, que apesar de somos empreendedores, os empreendimentos que são criados não são inovadores, a maioria dos brasileiros abre negócios enfrentando muitos concorrentes e com produtos já conhecidos dos seus consumidores, aproveitando o dinamismo do nosso mercado interno.

Analisando as considerações do psiquiatra americano, o empreendedor hipomaníaco seria o que mais inova em seus negócios, com isso como poderíamos caracterizar o empreendedor brasileiro, tem Hipomania, ou não?

Pela dificuldade em abrir uma empresa em nosso país, como já vimos por aqui, pelos problemas que o brasileiro tem que enfrentar no seu dia a dia, e mesmo assim sermos um dos povos mais empreendedores do mundo eu posso afirmar que o empreendedor nacional não é uma pessoa normal.

Ainda bem que temos tantos empreendedores no Brasil, que fazem com que nossa economia continue pujante e forte, o que menos importa é o seu estado psíquico, mas sim as suas atitudes, atividades e aspirações empreendedoras em prol do nosso país.

Texto de jun/11

## A Lei Maria da Penha

Temos falado bastante das mulheres no Pesquisas e Números. Sobre a mulher e mãe empreendedora, o coração feminino, a mãe e o mercado, a melhor organização e memória das mulheres, e dos avanços conquistados pela Lei Maria da Penha, que nesta semana completa 5 anos de sua implantação.

A versão 2010/11 do relatório progresso das mulheres no mundo, elaborado pela ONU, tem como foco o acesso da mulher à justiça, e a Lei Maria da Penha foi uma das pioneiras no mundo na aplicação de punições em casos de violência contra a mulher, reconhecida pelo relatório mundial.

Pesquisa sobre a violência contra as mulheres promovida pelo Instituto Avon nos primeiros meses de 2011 mostrou números sobre o assunto:

- 59% afirmaram já terem presenciado algum tipo de violência contra a mulher
- 63% tentaram ajudar de alguma forma a mulher que sofreu a violência
- 46% consideram a violência contra a mulher uma questão cultural

- 30% culpam a bebida alcoólica como causadora da violência
- 27% das mulheres sofreram graves agressões
- 15% dos homens entrevistados afirmaram já terem agredido de maneira grave alguma mulher
- 43% consideram que as leis não são suficientes para garantir a proteção da mulher
- 93% conhecem ou já ouviram falar da Lei Maria da Penha

Estes números ainda assustam, mas é uma evolução, a 1ª delegacia da mulher foi aberta em 1985 em São Paulo, hoje já são mais de 450 no país inteiro, sinal que a Lei Maria da Penha está desempenhando o seu papel, apesar de 43% considerarem que as leis sozinhas não ajudam a deixar a mulher a sentir mais segura.

Ainda há muito o que se fazer, sendo importante a realização de estudos, pesquisas e divulgação de ações que possam inibir e diminuir, se possível erradicar de vez, a violência contra a mulher. Se souber ou presenciar algum ato de violência contra a mulher, denuncie, ligue 180.

Texto de ago/11

## Bom para cachorro, e para os donos também

Pesquisas americanas comprovaram que os animais domésticos proporcionam apoio social e emocional às pessoas. Psicólogos das Universidades de Miami e St.Louis fizeram 3 experimentos sobre mudanças de comportamento ocasionado por animais domésticos aos seus donos.

As pessoas com animais domésticos geralmente tem mais qualidade de vida e conseguem resolver melhor as diferenças individuais, tem mais autoestima e estão me melhor forma física, são mais extrovertidos, menos receosos, mais conscientes do que ocorre à sua volta do que quem não convive com animais domésticos.

No Pesquisas e Números vimos que o cachorro no escritório aumenta a produtividade das pessoas, que a presença de animais de estimação está crescendo no Brasil, bem como a melhoria das atividades físicas dos donos de animais, que se exercitam quando precisam passear com eles.

O animal doméstico em casa, bem tratado, faz bem não apenas ao próprio bichinho, mas também a quem convive com ele, tanto social quanto fisicamente, cientificamente comprovado.

Texto de nov/11

Pessoas mentem mais pela Internet do que face a face

O texto de hoje é uma colaboração de Guenia Bunchaft, do site: http://sospesquisaerorschach.com.br/

Robert Feldman, da Universidade de Massachussets, realizou uma pesquisa em que constatou que o ser humano mente muito, mas mente mais quando pode se esconder por trás do computador do que quando conversa pessoalmente.

Reuniu 110 pares de estudantes e deu a cada um deles 15 minutos para que se conhecessem ;um terço conversou pessoalmente, o outro terço por chats e o restante por e-mails.

Os alunos assistiram, posteriormente, a gravação de suas respostas durante a conversa, de modo a identificarem os momentos em que mentiram. Feldman verificou que a quantidade de mentiras foi bastante grande mesmo face a face, porém foi três vezes maior entre os que usaram chats e e-mails.

Ele concluiu que a mentira parece ser uma espécie de convenção esperada de todos, o que leva a maioria a mentir em assuntos considerados inócuos; mas, quando a pessoa não está frente a frente com seu interlocutor, como é o caso da Internet, não sendo possível observar as expressões faciais, entonações e postura corporal de quem está falando, o ser humano realmente abusaria do "falseamento da verdade".

Texto de dez/11

## Que chulé

Com que freqüência você troca as suas meias?

Para saber essa resposta de europeus, a empresa suíça Blacksocks fez uma pesquisa com 3 mil pessoas e descobriu quem tem o maior chulé no velho continente.

No geral, 77% de homens e mulheres trocam as meias todos os dias, enquanto 11% a cada 2 dias, 4% a cada 3 dias e 1% usam a semana inteira a mesma meia.

Trocar a meia todo dia é hábito que apenas 66% dos franceses têm, a menor porcentagem entre os países pesquisados, enquanto 78% de alemães e britânicos têm esse costume.

Já havíamos **analisado outros hábitos de higiene dos povos, como lava**r as mãos e freqüência a chuveiros e banheiras, e os europeus não são os mais assíduos ao chuveiro, ou banheira. Agora vemos que as meias também não são trocadas constantemente. Se formos considerar que no inverno a pessoa dorme de meias, imaginem o chulé que fica quando a pessoa tira os sapatos, ops, acho melhor nem imaginar né.

Texto de dez/11

A melhor idade é a melhor

O Gallup fez uma **pesquisa com mais de 500 mil pessoas em 2010 e 2011** nos Estados Unidos e percebeu que as pessoas vão ficando mais felizes a medida que a idade vai chegando.

O índice de bem estar chega a 6,8 nas pessoas com idades entre 18 e 21 anos, vai diminuindo até chegar aos 50 anos. A partir dai o índice começa a crescer, atingindo valores inclusive maiores que os da população de 18 a 21 anos, conforme a pesquisa do Gallup com os americanos.

A população mundial está ficando mais velha, com os avanços da medicina fazendo com que a expectativa de vida esteja crescendo em todos os países.

A idade de viver o momento, de aproveitar o que pode ser feito e curtir este aspecto faz com que ocorram menos frustrações.

No Brasil, o estudo Riologia, publicado no MktMais, analisou o perfil das pessoas com mais de 60 anos na cidade e verificou o comportamento destas pessoas na sociedade: 26% tem contas ativas nas redes sociais, 71% são os provedores da família, 76% costumam viajar e 14% tem smartphones.

Além do bem estar das pessoas consideradas na melhor idade estar cada vez melhor, essas pessoas continuam consumindo, continuam fazendo parte, de maneira cada vez mais ativa, da nossa sociedade.     Texto de out/12

**5 Anos de Pesquisas e-Números - Comunicação Social**

## Tablets, notebooks, netbooks, smartphones e desktops

Onde você está lendo este texto, em qual dispositivo, tablet, smartphone, notebook, netbook, desktop, ou alguém imprimiu para você e há uma folha de papel em suas mãos?

Aos poucos as opções de uso de internet se ampliam, dependendo do tamanho da tela, da necessidade do usuário, bem como de suas possibilidades financeiras de adquirir o "acessador a internet".

Anos atrás, logo após o lançamento do Ipad, o **Pesquisas e Números** comentou sobre uma pesquisa otimista demais sobre a vontade dos brasileiros em ter um Ipad, onde víamos os números com bastante ceticismo, chegando ao número de 114 milhões de brasileiros querendo um Ipad.

No Brasil em 2012 foram vendidos 2,7 milhões de tablets, 127% a mais que no ano anterior, diferente dos desktops, que caíram 13% e dos notebooks, que cresceram 10%. Mas 46% das vendas de tablet foram de valores inferiores a R$500 e 80% estavam com o Android como seu sistema operacional, não foram Ipads.

Continuamos na mesma linha, essa pesquisa era furada mesmo, apesar do tablet ter sido um dos objetos de desejo do brasileiro no natal de 2012, surgiram outros tablets mais simples, mais baratos e com melhor custo-beneficio que o Ipad, como mostram os resultados de **pesquisa feita pela Flurry Analytics com 30 milhões de** consumidores no mundo. Comparando basicamente o tablet com o smartphone, que tem usos semelhantes, mas diferem no perfil.

As mulheres se igualam no uso do tablet, mas são minoria no smartphone. Os tablets são mais usados quando termina o expediente, enquanto o smartphone está mais forte no horário de almoço (fácil de perceber quando você vai almoçar e em todas as mesas tem gente de olho nos seus telefones esquecendo de comer). Os jogos são os mais usados em ambos os dispositivos, mas no tablet representam 67% dos usos, enquanto no smartphone 40%, as redes sociais ocupam o segundo posto, com 10% nos tablets e 24% nos celulares.

A tendência para os próximos anos é o aumento no número de smartphones em tamanho superior ao de tablets, que irá superar a quantidade de notebooks e desktops, fazendo com que as pessoas carreguem nos seus bolsos e bolsas o acesso a internet, as deixando cada vez mais conectadas.

Texto de abr/13

Corrupção nas empresas privadas

Corrupção é a falta de honestidade das pessoas com a instituição que elas trabalham.

A primeira imagem que temos de corrupção diz respeito aos políticos, empresas publicas e ao governo, seja de esfera local, regional ou federal. Ja tratamos desse assunto por aqui em outra ocasião onde 80% dos habitantes de 86 países consideram seus políticos corruptos.

Mas a corrupção nas empresas privadas também existe. Vamos ver alguns resultados de pesquisa feita pela empresa de gestão de riscos Kroll em diversas empresas privadas em países desenvolvidos e emergentes, publicada na revista Época Negócios.

Neste blog vimos que um número significativo das empresas brasileiras já passaram por problemas com crimes internos cometidos por seu corpo de funcionários.

Esta pesquisa da Kroll chegou a 54% de empresas que sofreram algum tipo de fraude em 2012 no Brasil. O número foi inferior a pesquisa realizada apenas no Brasil que comentamos no parágrafo acima. Estes 54% representaram 0,5% de perdas das receitas anuais das empresas. O conflito de interesses representou 23% desse total, roubos de bens 17% e roubo de informações respondeu por 14% dos tipos de fraudes cometidos nas empresas brasileiras.

E quais seriam os números de um pais que muitos usam como exemplo de empresas sérias, de funcionários comprometidos com seu trabalho, de honestidade, como os Estados Unidos?

Nos Estados Unidos 60% de suas empresas sofreram problemas com fraudes internas, sendo que 24% sofreram roubo de bens, 26% roubo de informações e 16% problemas com conflito de interesses. Estas fraudes custaram 1,1% das receitas anuais das empresas americanas em 2012.

Na Europa os números também são maiores que no Brasil, 63% das empresas sofreram com problemas internos em 2012, representando uma perda de 0,5%

das receitas anuais das suas empresas. O roubo de bens representou 32%, e de informações 18% dos problemas internos.

A China, que é a maior fabricante do mundo, muita coisa hoje tem o selo "made in China", também sofreu com fraudes internas em 63% de suas empresas, representando perdas de suas receitas anuais de 0,8%, sendo 27% causadas por roubo de bens e 21% de informações.

A desonestidade, a falta de ética e respeito com as outras pessoas e instituições são problemas globais, não uma exclusividade brasileira, como muitos gostam de falar por ai.

Cabe a cada um de nós fazer a nossa parte contra isso, tendo atitudes corretas, evitando pagar uma cervejinha ao guarda que multa por estacionamento em local proibido, enfim não podemos oferecer nem aceitar qualquer tipo de pagamento ou vantagem indevida.

Texto de jul/13

## Os eventos nas redes sociais

Quantas vezes você é convidado para um evento e tem que confirmar sua presença via redes sociais?

Isso sem contar as vezes que vai conferir os convidados para saber se vai no evento, se vale a pena, se o público vai ser do seu agrado e outras coisitas mais.

Por isso as redes sociais estão cada vez mais presentes na vida dos organizadores de eventos no mundo todo, independentemente do tamanho do evento.

**No MKTmais tem uma pesquisa com os organizadores** de eventos no mundo sobre sua relação e uso das redes sociais na organização, administração e promoção dos seus eventos.

O Facebook lidera a presença, com 78%, seguido do Twitter (56%), Linkedin (49%), Youtube (42%) e Google + (39%).

Para 58% o principal objetivo é o de aumentar a percepção, a atenção que o evento deve receber, enquanto 49% querem basicamente ampliar a presença da marca. A criação de um novo canal de comunicação responde por 41% enquanto 30% buscam maior lealdade a marca com açoes de eventos em redes sociais.

Vimos por aqui a repercussão das empresas nas redes sociais, bem como o tempo que cada postagem nas redes sociais dura, agora vemos que as redes sociais tem um importante papel nos eventos, sejam quais forem, desde aniversários de família até final de Copa do Mundo.

É cada vez mais importante o uso das redes sociais por todos, ganhando espaço cada vez maior na rotina diária de pessoas, empresas e até mesmo pelos animais.

Texto de dez/13

Que canseira

Você tem se sentido mais cansado ultimamente, ou conseguiu descansar nas festas de fim de ano e 2014 promete ser um ano com toda a sua energia?

Uma pesquisa feita com quase 1500 participantes do Painel Conectaí do Ibope em outubro de 2013 revelou o grau de cansaço dos internautas brasileiros.

No Pesquisas e Números havíamos visto que o stress estava diminuindo, mas nessa pesquisa do Conectaí os resultados mostraram que 98% dos internautas brasileiros estão cansados, física ou mentalmente.

Para 54% o cansaço é físico e mental, enquanto 26% apenas mentalmente estão cansados e 20% fisicamente.

Apenas 26% dos "cansados" fazem alguma atividade física pelo menos 3 horas por semana.

Para 42% essa fadiga afeta o seu humor algumas vezes, enquanto 30% sempre estão mau humorados graças ao cansaço.

Apesar dessa canseira generalizada, 43% consideram sua qualidade de vida boa ou ótima, 46% responderam regular e apenas 11% reclamaram que sua qualidade de vida está ruim ou péssima.

E o que fazem os 2% que não estão cansados?

## 5 Anos de Pesquisas e-Números - Comunicação Social

Basicamente mantém o equilíbrio entre a vida pessoal e profissional, tem uma alimentação mais equilibrada e dormem bem, não sofrendo de insônia.

Texto de fev/14

# Consumidor

Pesquisa da Semana - Hábitos de consumo

O Instituto de pesquisas LatinPanel, que acompanha semanalmente o consumo de 8200 famílias brasileiras, nos mostra alguns dados interessantes sobre o consumo de alimentos, bebidas e gastos com lazer. Em 2008 este consumo aumentou 7,8%, sendo que fora de casa essa porcentagem foi de 3,6%. O número de lares com pacotes de TV por assinatura, internet e banda larga cresceu 140% em 2008.

Qual o significado destes números ?

1. A crise econômica faz com que as pessoas economizem nas despesas fora de casa.
2. A maior facilidade de acesso à internet, banda larga e TVs por assinatura, conquistando novos adeptos, popularizando o seu consumo.
3. A violência urbana e o trânsito lento nas grandes cidades valoriza o lazer doméstico.

4. A família volta a ser a célula mater da sociedade, já que dentro de casa pode-se trabalhar, descansar e ter suas opções de lazer. Maior valor ao lar doce lar.

5. O grande número de lançamentos de condomínios de prédios e de casas, com amplas áreas de lazer como se fossem clubes, mostra esta tendência.

Se fosse para criar algum produto novo no mercado, além de condomínios com amplas áreas de lazer, a sugestão é de algo que atenda essa tendência, algo que ajude a melhorar e manter o bom convívio familiar.

Texto de mai/09

## Uso de Celular e Notebook em público, incomoda?

Nos Estados Unidos, uma pesquisa feita pela Harris Interactive e patrocinada pela Intel Corporation concluiu que 90% dos americanos se sentem incomodados com a falta de educação dos usuários de celulares, notebooks e netbooks quando estão em público. De acordo com a pesquisa, mais de 80% dos adultos já testemunhou alguém fazendo algo estranho no celular ou no acesso à Internet.

Nos Estados Unidos, onde a grande maioria da população tem celular e notebook, já se torna necessária a criação de regras de etiqueta para que o uso destes aparelhos não incomode quem está por perto. Se 90% dos americanos se sentem incomodados com essa situação é sinal que não estão sabendo se comportar em público quando estão usando esses aparelhos.

E no Brasil, qual seria a situação? Não pesquisei a fundo para saber se há uma pesquisa sobre o mesmo assunto. A GFK, empresa de pesquisa de mercado, entrevistou 1000 pessoas com mais de 18 anos em 12 capitais e regiões metropolitanas do Brasil, percebendo que 79% dos brasileiros possuem celular e 53% computador. Ou seja, também será necessária a criação de regras de etiqueta para o uso de aparelhos móveis no Brasil.

Mas para que serve o celular e o notebook? Exatamente para você poder usar o telefone ou o computador quando estiver em qualquer lugar. Mas isso não significa que o comportamento deve ser o mesmo que se estivesse sozinho em casa, sem se importar com quem está ao redor. O bom senso é recomendável nesses casos, tentar atrapalhar e incomodar o mínimo possível quem está por perto quando estiver em lugares públicos e for necessário o uso do celular ou do notebook.

Texto de jul/09

## A culpa é do Tomate

O Dieese/PR divulgou ontem as variações dos preços dos produtos que compõem a cesta básica. Das 17 capitais pesquisadas houve aumento em 12 delas, e a capital paranaense, Curitiba, registrou aumento de 1,04% em comparação ao mês anterior. Apesar disto o acumulado no ano de 2009 registra uma queda de 6,92% nos preços.

Se a tendência neste ano é de queda, por que este aumento dos preços este mês?

A culpa é do tomate, que subiu 14,14% no mês de junho. O leite também teve um aumento significativo no mês, de 12,40%.

Vamos mudar um pouco a dieta, trocamos o tomate pela batata (que teve queda de 5,31% no seu preço em relação ao mês anterior), mas continuamos com o arroz (queda de 4,60%) e feijão (queda de 3,68%)

Texto de jul/09

Viajar – Que aperto !

A ANAC (Agência Nacional de Aviação Civil) pesquisou 5.305 homens nos 20 principais aeroportos brasileiros. A pesquisa foi feita para atender as reclamações dos passageiros aéreos sobre os assentos das aeronaves que voam no Brasil.

A distância mínima entre as poltronas, de 73,6 cm, atende à maioria dos passageiros, já que 92% têm menos de 65 cm de comprimento entre a região glútea e o joelho. A maior reclamação está na largura média do assento, de 45 cm, já que 70% dos passageiros têm mais de 45 cm de largura entre os ombros.

As companhias aéreas internacionais, não apenas as brasileiras, são livres para configurar o tamanho das poltronas. Mas, graças a essa pesquisa, a ANAC pretende criar um selo que diferencie as empresas que ofereçam assentos mais amplos, propiciando maior conforto ao passageiro de avião no Brasil.

Já os passageiros rodoviários são protegidos nesse aspecto pela Resolução 316 do Contran (http://www.denatran.gov.br/resolucoes.htm), em vigor desde 01/07/2009. Esta resolução determina que a largura do corredor deva ser no mínimo de 35 cm, que a largura dos assentos não seja menor que 43 cm, e o espaçamento entre a borda do assento e o encosto da poltrona à frente seja de no mínimo 30 cm. A profundidade dos assentos é livre, não há uma medida mínima obrigatória, por isso não conseguimos fazer a mesma comparação sobre a distância entre os assentos existentes nos aviões.

Vai viajar? Se for de ônibus ou de avião encolha os braços e prepare-se para o aperto, mas aproveite a viagem!

Texto de jul/09

## Taxa de Juros do Cheque Especial – Menor da História

A ANEFAC (Associação Nacional de Executivos de Finanças, Administração e Contabilidade - http://www.anefac.com.br/ ) divulgou sua Pesquisa de Juros referente a junho/2009. E a pesquisa comprovou a tendência de queda nas taxas de juros, é o 5º mês consecutivo que as taxas de juros nas operações de crédito caem.

Pela primeira vez, desde que a série histórica é calculada (1995), temos a menor taxa de juros cobrada da pessoa física (7,54% ao mês) por uso do cheque especial. A taxa de juros cobrada nos cartões de crédito (10,68%) é a menor desde julho/2000. Há também alongamento nos prazos dos financiamentos.

Maior prazo e juro menor, o que isso significa?

Mais compras. Você vai poder comprar mais e pagar em mais vezes, além da prestação ficar menor do que se você tivesse feito a mesma compra meses atrás.

Notícia boa para a economia, o ciclo econômico volta a girar, e com isso, a tendência na queda da taxa de juros deve continuar, juntamente com a queda na taxa de desemprego e aumento na criação de empregos no país. Como havíamos comentado sobre sinais positivos para a economia nesse blog nos últimos dias do mês de junho.

Texto de jul/09

## O Índice Big Mac

A revista The Economist, uma das mais respeitadas revistas de economia e negócios do mundo, em 1986, buscava um índice a nível global que medisse o grau de valorização de uma moeda sobre o dólar americano, e o produto escolhido teria que estar presente em pelo menos 120 países, e sua produção local seguisse os mesmos procedimentos operacionais em cada país, inclusive a margem de contribuição.

Qual o produto global escolhido? A Coca-cola?

Não, o sanduíche Big Mac, da rede de restaurantes fastfood Mac Donald's, criado em 1968 e consumido 18 destes por segundo no mundo todo. Ou seja, enquanto você está lendo este texto mais de uma centena de Big Macs já foram consumidos.

No dia 13 de julho o Big Mac custava U$3,57 nos Estados Unidos. Nos países que o preço do sanduíche for maior que este valor, é sinal que a moeda nacional está supervalorizada, e a moeda está subvalorizada se o Big Mac custar menos que U$ 3,57.

É uma forma simples de calcular a paridade do poder de compra de cada país. Analisa o quanto os habitantes de um determinado país conseguem comprar com um dólar. Uma moeda excessivamente cara eleva os preços dos produtos do seu país os tornando menos competitivos no exterior.

Pelo gráfico desta semana da revista The Economist, o Real está supervalorizado em 13% frente ao dólar americano, o Big Mac no Brasil está custando U$4,02.

O que isto significa?

Isto quer dizer que com esses U$4,02 compraríamos um sanduíche Big Mac e ainda teríamos U$0,45 para comprarmos mais coisas se fossemos aos Estados Unidos. Se fossemos para a China (Big Mac a U$1,83) compraríamos 2 sanduíches e ainda teríamos U$0,36 para outras compras. O poder de compra do brasileiro está mais forte que o poder de compra do americano e que do chinês, isso significa que os produtos americanos e chineses estão mais baratos para o brasileiro comprar. Por outro lado os produtos brasileiros estão mais caros para o americano e para o chinês comprarem. Boa notícia para os importadores e ruim para os exportadores brasileiros.

Texto de jul/09

Papai, mamãe, filho e o Totó – a nova família brasileira

Vamos comentar a matéria da Revista Veja desta semana sobre a família animal.

Algumas considerações sobre a população brasileira:
- O tamanho da família brasileira têm diminuído nos últimos anos, no último levantamento do IBGE a média é de 3,2 pessoas por domicílio.
- A população brasileira é de 200 milhões de habitantes
- O número de domicílios brasileiros é de 62,5 milhões
- A divisão da sociedade brasileira em classes sociais é a seguinte:
Classe A - 4,58%
Classe B – 28,29%
Classe C – 45,78%
Classe D – 19,51%
Classe E – 1,84%

Algumas considerações sobre a população brasileira de animais domésticos:
- 77 milhões de animais nos lares brasileiros
32 milhões de cães
19,5 milhões de pássaros
16 milhões de gatos
7,5 milhões de peixes
2 milhões de outros animais

- Consumo potencial de ração de 4,1 milhões de toneladas/ano
- 40 mil pet shops existentes

A população de cães representa 16% da população brasileira, há 1 cão para cada 6,25 pessoas, 1 cão a cada 2 domicílios. O que isso quer dizer? Você tem algum animal de estimação? Não, mas seu vizinho provavelmente tem.

Apenas a população de cães e gatos (48 milhões) representa 24% da população brasileira.

Se você quer investir em algum produto voltado à população das classes C e D, ou à classe A, vai encontrar um número de "consumidores" menor que o de cães e gatos no Brasil.

Vale a pena prestar atenção na população de animais domésticos no país. E é o que já está acontecendo, há uma pet shop para cada 1925 animais. Para comparar, há uma farmácia para cada 2600 pessoas no Brasil.

Os animais de estimação estão realmente fazendo parte da família brasileira, inclusive nos gastos domésticos, a conta "pet gastos" deve ser incluída na planilha financeira mensal.

Texto de jul/09

Consumo Consciente, a teoria é uma, mas na prática...

Em pesquisa realizada por alunos dos cursos de Administração e de Comunicação Social da UniCuritiba foi comprovado que a consciência ecológica da população curitibana das classes A e B é grande, mas ainda não é praticada na mesma proporção.

Foram perguntadas 25 ações de consumo aos entrevistados, e em 22 delas a resposta para o que acham correto era uma, e seus índices diminuíam quando perguntados se praticavam aquela ação que consideravam certa.

Esta pesquisa se assemelha com outra, realizada pela Paraná Pesquisas, no segundo semestre de 2008, sobre o lixo tóxico, onde os entrevistados, nesse caso toda a população da capital paranaense, demonstravam terem consciência do lixo tóxico, mas nem todos ajudavam na sua reciclagem.

O importante nessas pesquisas é saber que a população tem consciência do que é certo, apenas não pratica, talvez por preguiça ou mesmo falta de hábito. Uma campanha estimulando a prática de ações ecologicamente corretas pode ajudar. Estamos comentando apenas pesquisas feitas com a população de Curitiba, mas essa deve ser uma ação nacional, deve se estender a toda a população brasileira, a todos os municípios.

Texto de jul/09

## O poder de compra do seu salário aumentou - a cesta básica baixou

No mês passado a cidade de Curitiba tinha sido a 4ª capital brasileira onde o custo da cesta básica teve o maior aumento. Boas novas para os curitibanos, no mês de julho tiveram a 4ª maior queda do custo da cesta básica entre as 17 capitais brasileiras analisadas. Estas cidades apresentam as mesmas tendências que estamos analisando na capital paranaense.

Em julho a cesta básica para os curitibanos custou 3,19% menos que o mês anterior, acumulando uma queda de 9,89% neste ano. Em Curitiba é necessário R$

206,71 para comprar o conjunto de bens alimentícios essenciais, o que corresponde a 48,32% do valor do salário mínimo. Em junho a cesta básica custava R$ 213,52 e em janeiro R$ 227,89.

O tomate, que foi o vilão da subida dos preços da cesta básica mês passado (ver post do dia 7 de julho aqui no blog), se redimiu e foi o produto que sofreu a maior queda, em Curitiba baixou 51,11%

A queda no valor gasto para a compra dos produtos essenciais da cesta básica significa um aumento de salário. Se você está ganhando o mesmo salário e gastando menos para comprar os produtos da cesta básica deve sobrar mais dinheiro no bolso. Então o seu poder de compra aumentou, mesmo sem ter recebido aumento nominal no seu ordenado você consegue comprar mais produtos.

Texto de ago/09

## Mulheres comendo juntas = Mais calorias

Foi realizado um estudo coordenado pela pesquisadora Meredith Young, da Universidade McGill, do Canadá, observando o comportamento das pessoas comendo em grupos, quando foram analisados 469 homens e mulheres em lanchonetes canadenses.

Os homens, estando na companhia de outros homens ou na companhia de mulheres, comeram em média 716 calorias cada.

As mulheres comeram em média 609 calorias, menos que os homens, naturalmente. O que surpreende é que em grupos de apenas mulheres, a média foi de 665 calorias, e este número baixa para 552 calorias quando estavam em grupos de mulheres e homens juntos. Mas se o grupo de mulheres passa de quatro pessoas, essa média foi para 800 calorias cada, superior até à média masculina.

A mulher é influenciada pelas companhias, em grupos femininos grandes a tendência é pela escolha de comida mais calórica e em maior quantidade. Se a mulher quiser manter a forma e até fazer regime, o ideal é fazer a sua alimentação em grupos mistos, com a presença masculina, para inibir seu apetite e diminuir as calorias da refeição.

Texto de ago/09

## Os Planos de Saúde

A agência Nacional de Saúde (ANS) divulgou o Índice de Desempenho da Saúde Suplementar (IDSS), uma espécie de ranking das operadoras de planos de saúde sediados no país. Foram avaliados itens como atenção à saúde, estrutura, satisfação do cliente e situação financeira.

São 39,7 milhões de brasileiros que possuem planos de saúde particulares, representando menos de 20% da população brasileira.

Dentre todas as operadoras analisadas, apenas 1% atingiram a melhor nota, atendendo cerca de 100 mil pessoas. Em compensação 49,7% dos planos ficaram com as piores avaliações.

Analisando a quantidade de pessoas atendidas, pode-se dizer que a avaliação é satisfatória, pois 45% dos usuários dos planos estão em 200 empresas que tiveram notas satisfatórias, acima da média, apesar de não terem atingido a nota máxima. Do outro lado, 23% das pessoas têm os planos com as piores notas.

"Qual o maior problema do Brasil?" O Programa das Nações Unidas para o Desenvolvimento no Brasil (Pnud) fez uma pesquisa a esse respeito com cerca de 500 mil brasileiros nos últimos seis meses, publicada na Revista Época em maio deste ano, e a Saúde ficou no 5º lugar, com 6% das respostas.

Hoje, com a epidemia da Gripe H1N1, acredito que a Saúde está preocupando ainda mais a população brasileira, e muitos dos usuários dos planos de saúde que operam no Brasil não estão recebendo o atendimento satisfatório. O crescimento e a busca por planos de saúde no país é uma resposta da população que não é bem atendida pelos serviços públicos e busca alternativas para seus problemas de saúde, e paga por isso. Tanto os profissionais e gestores da saúde pública quanto os dos planos de saúde particulares no Brasil devem se preocupar em atender da melhor forma as pessoas que necessitam e procuram por seus serviços. Temos o exemplo atual, se o atendimento às pessoas com a Gripe H1N1 for desleixado e sem o devido cuidado, a epidemia contagia mais pessoas e aumenta o número de doentes, mas, se este atendimento for correto o vírus da doença não se propaga na mesma velocidade e teremos menos gente atingida pela epidemia.

Texto de ago/09

## A saúde no prato

Neste domingo, 6 de setembro, o Fantástico, programa dominical da Rede Globo de Televisão, apresentou uma matéria mostrando uma pesquisa do nutrólogo Carlos Nogueira sobre o prato de comida do brasileiro.

Segundo o IBGE, o prato mais consumido pelo brasileiro reúne arroz, feijão, farinha, carne e salada, e custa, em média, R$ 4,50. Carlos Nogueira colocaria mais legumes e verduras para o prato ser mais saudável, o que faria o prato ideal custar R$ 6,50, que é 44,4% mais caro.

O DIEESE calcula todo mês o custo da cesta básica em 17 cidades brasileiras. No mês de agosto Porto Alegre foi a capital com valores mais altos, enquanto Aracaju com os mais baixos. Vamos tomar como base essas duas cidades. Em Aracaju o arroz, o feijão e o tomate tiveram queda no seu preço em mais de 28%, enquanto a carne subiu 2,44% e a farinha 7,53% em 2009. Em

Porto Alegre, este ano, o feijão teve queda de 33,35%, a farinha 17,86% e a carne 7,55%, enquanto o tomate subiu 18,37%, o arroz 7,02% e a batata 1,72%.

A cesta básica, calculada pelo IBGE, tem os 13 itens da sua composição variada em 3 regiões: sul (A), sudeste/centro-oeste (B) e nordeste/norte (C). Os itens e sua divisão por região é a seguinte:

A quantidade de carne varia de 4,5kg (C), 6kg (B) e 6,6kg (A).

Leite varia de de 6 litros na (C) e 7,5 litros na (A) e (B).

Feijão tem a mesma quantidade, de 4,5kg nas 3 divisões regionais.

O arroz varia de 3 kg (A) e (B) até 3,6kg (C)

A farinha de 1,5 kg (A) e (B), e dobra para 3kg na (C).

A batata não consta na lista da (C), mas tem 6kg nas regiões (A) e (B).

O tomate varia de 9kg em (A) e (B) e sobe a 12kg na (C).

O pão tem a mesma quantidade, de 6kg, no país todo.

O café varia de 600g em (A) e (B), e diminui pela metade na (C), com 300g.

A banana é constante nas 3 regiões, com 7,5 dúzias.

O açúcar também tem a mesma quantidade nas 3 regiões, 3 kg.

O óleo varia de 900ml em (B) e (C), e sobe a 1080ml na região (A).

A manteiga é constante nas 3 divisões, com 750g.

O brasileiro gasta em média 22% do seu orçamento mensal com alimentação, e apenas 2,5% disto é em compras de frutas, verduras e legumes.

A questão principal para que o brasileiro possa se alimentar com o "prato ideal" parece ser a questão financeira, o fato deste prato custar 44,4% mais que gastamos no dia a dia, mesmo com a queda nos preços dos produtos da cesta básica este ano.

Vamos considerar que o preço dos produtos é determinado pelas leis da oferta e da procura. Se o brasileiro começar a mudar o seu hábito e for incluindo aos poucos no seu prato diário maiores porções de frutas, verduras e legumes, vai aumentar a procura por esses itens, o que inicialmente ocasionaria o aumento nos seus preços. Mas esse aumento da procura irá aumentar o mercado destes produtos, crescendo a sua produção e a quantidade oferecida no mercado, aumentando assim a sua oferta, conseqüentemente seu preço vai cair, até chegar num valor de equilíbrio.

O "prato ideal", em termos de saúde, também precisa ter o "preço ideal" para poder estar com maior freqüência na mesa dos brasileiros. E para isto precisa começar com uma mudança de hábito na alimentação das pessoas.

Texto de set/09

## O Brasil e sua competitividade

Foi divulgado o Relatório Global de Competitividade do Fórum Econômico Mundial. Este levantamento, que é publicado anualmente desde 1979, apresenta números sobre a capacidade competitiva de 133 países. É baseado em dados estatísticos e em uma ampla pesquisa feita junto a executivos. No Brasil, a coleta de dados junto à comunidade empresarial é feita pela Fundação Dom Cabral, em parceria com o Movimento Brasil Competitivo.

A crise econômica mundial colocou muitos países em recessão, todos no mesmo barco tentando retomar a atividade econômica. A Suíça é o líder neste ranking de competitividade, com os Estados Unidos na segunda posição. Ano passado os americanos estavam à frente dos suíços, mas a crise global fez mais estragos na economia americana.

O Brasil ocupa a 56ª posição, melhor que no levantamento anterior, onde estávamos no 64º lugar. O melhor desempenho do país está nas variáveis: sofisticação empresarial (32º) e inovação (43º), enquanto deixamos a desejar em estabilidade macroeconômica (estamos na 109ª posição entre os 133 países), instituições (93º lugar), mercado de trabalho (80º) e na saúde e educação básica (79º).

Alguns países latino-americanos neste ranking: o Chile está em 30º (era 28º no levantamento anterior), o México está na mesma posição do ano anterior, em 60º, o Uruguai está em 65º (estava em 75º ano passado) e a Argentina é a 85ª colocada (era a 88ª no levantamento anterior).

Entre os países do BRIC, que reúne Brasil, Rússia, Índia e China, a China é a melhor classificada, na 29ª posição (estava em 30º no levantamento anterior), a Índia é a 49ª (era a 50ª), nós estamos na 56ª (ano passado estávamos na 64ª posição), e a Rússia foi para o 63º lugar (era o 51º).

A importância deste ranking de competitividade está na capacidade de funcionamento das leis de mercado, da lei da oferta e da procura. A lei de mercado ajuda o consumidor a escolher a melhor opção de compra entre os produtos à disposição. O Brasil está melhorando a sua posição, boa notícia para os consumidores brasileiros, que deverão ter, cada vez mais, melhores produtos com preços mais acessíveis.

Texto de set/09

## A escolha do sapato

No Jornal Hoje, da Rede Globo, do dia 14 de setembro, foi exibida uma matéria onde o ortopedista e professor da Faculdade de Medicina da Universidade de Brasília Gustavo Velloso analisou 150 pacientes (96 mulheres e 54 homens) que foram ao seu consultório no Hospital de Base de Brasília reclamando de dores.

40% destes pacientes reclamaram de dores nos pés, 77% estavam com calos e 10% apresentavam deformidades. "O calo é uma resposta da pele do pé que engrossa, pois o sapato não se adapta", explica Gustavo Velloso.

## 5 Anos de Pesquisas e-Números - Comunicação Social

O problema estava na hora de comprar o calçado. Entre os 150 pesquisados, a escolha do sapato era feita com base no preço para 82%, o formato e estilo do calçado pesava para 92% dos entrevistados e 73% escolhiam o calçado pela cor. Entre as mulheres pesquisadas, 30% delas usavam salto alto pelo menos 6 horas por dia. O conforto aos pés não foi importante na hora de escolher qual sapato comprar.

Isto não quer dizer que as fábricas de sapato não precisam se preocupar com o conforto dos seus produtos. A pesquisa foi feita com pessoas que estavam sentindo alguma dor, não apenas nos pés, mas até mesmo nas costas, e a origem dessas dores estava nos pés dos pacientes.

Esta é uma pesquisa para mostrar a importância dos pés para o nosso bem estar, por isso é bom na hora de escolher qual calçado comprar você optar pelos modelos que aliem conforto com o design que lhe agrade, para que você mantenha a elegância sem sentir dor. Há muitos sapatos de qualidade que podem satisfazer suas preferências sem doer no seu bolso.

Texto de set/09

## O Neoconsumidor

O "Estudo sobre o Neoconsumidor", realizado pela consultoria Golvêa e Souza, em parceria com a Ebeltoft - Internacional Retail Experts, entrevistou 5500 consumidores com acesso à internet em 11 países, 500 em cada, para traçar o perfil do novo consumidor sobre suas tendências de compras.

As 500 pesquisas no Brasil foram feitas nas cidades de São Paulo, Porto Alegre e Recife.

Entre os 11 países da pesquisa, os australianos, com 76%, os britânicos com 74% e os brasileiros com 73% dos internautas são os 3 países onde a internet é mais utilizada na pesquisa de preços na hora de realizar suas compras. Os alemães (25%) são os que menos utilizam a internet para esse fim.

A internet é uma ferramenta utilizada para realizar compras para 92% dos internautas brasileiros, enquanto a média mundial é de 86%. Uma contradição interessante, os australianos são os que mais pesquisam preços na internet, mas os que menos fazem compras online, ao contrário dos alemães, que são quem mais compram pela internet, apesar da pouca pesquisa de preços online.

A loja preferida do consumidor não está na internet, isso desaponta 17% dos noruegueses, enquanto 53% dos brasileiros se aborrecem com esse fato.

Pela PNAD 2008 (Pesquisa Nacional por Amostra de Domicílios), feita pelo IBGE, há pelo menos um computador em 31,2% dos domicílios brasileiros, e 23,8% com acesso à internet, houve um crescimento com relação ao ano anterior, que era de 26,5% dos domicílios com computador e 20% com acesso à internet. A tendência é o acesso a computadores e internet se ampliar ainda mais.

Nesse blog já analisamos os números do crescimento do comércio eletrônico. O neoconsumidor está aí, ganhando cada vez mais espaço, com isso surgem neoserviços para atender suas expectativas, um neomercado para ser explorado por quem tiver as melhores neoidéias.

Texto de set/09

## A culpa é do doce

Um estudo da Universidade de Cardiff, na Grã-Bretanha, concluiu que o consumo diário de açúcar na infância pode levar à violência na vida adulta.

A pesquisa, publicada na edição de outubro do British Journal of Psychiatry, estudou 17.500 pessoas e descobriu que 69% dos pesquisados violentos aos 34 anos de idade consumiam doces quase todos os dias quando tinham 10 anos de idade, já entre os não violentos esse índice caía para 42%.

Outra matéria da revista Veja, sendo inclusive capa da revista semanal, discorre sobre os malefícios do açúcar ao organismo humano. O principal vilão nesse caso é o refrigerante, responsável pelo consumo líquido de açúcar pelo organismo e pelas altas calorias existentes. A comparação a seguir foi publicada nesta reportagem da Veja.

A culpa do comportamento violento de algumas pessoas não pode ser atribuída exclusivamente ao consumo de doces, nem culpar o refrigerante como responsável por diversas doenças causadas pelo excesso de açúcar.

**5 Anos de Pesquisas e-Números - Comunicação Social**

O que temos que analisar sobre esses números é que tudo que é consumido em excesso pode fazer mal, o equilíbrio é a melhor medida. Vamos no dito popular: consuma com moderação.

Texto de out/09

## O comércio eletrônico e as PMEs (Pequenas e Médias Empresas)

Nesse blog já comentei sobre o crescimento do comércio eletrônico no Brasil, sobre o papel da internet nas relações entre consumidor e empresa, o chamado neoconsumidor.

A Associação Comercial de São Paulo (ACSP), em conjunto com a Camara-e.net, realizou, em sua Distrital Sudeste, mais uma edição do Seminário e-commerce para Pequena e Média Empresa (PME) no dia 30 de setembro. Neste evento foram apresentados alguns números otimistas com relação ao crescimento do e-commerce no país.

Temos 11,5 milhões de consumidores online, comprando em média R$323. A previsão é que em 2009 a compra média para o período de natal seja de R$346 (7% acima da média), o faturamento do e-commerce chegue a R$10,5 bilhões e 4 milhões de neoconsumidores entrem nesse mercado nesse ano de 2009.

Entre as grandes empresas 90% utilizam internet e representam 80% dos rendimentos do e-commerce no país. Os 20% restantes são divididos entre as 71% das MPEs que estão na internet realizando negócios.

A concorrência para as pequenas e médias empresas também é grande, já que na internet elas concorrem com gigantes do seu setor, que não estão "apenas" na sua cidade, mas podem ser encontradas no mundo todo através de um clique. Mas conforme vimos nesse blog, a participação das MPEs têm crescido.

As MPEs têm o seu espaço e podem ampliar o seu faturamento e clientela através da internet, basta encontrar a melhor maneira, seja pelo atendimento, pela proximidade com o cliente ou o que for. O 1º passo é estar na internet, que para 29% das MPEs ainda não foi dado.

Texto de out/09

## Amostra Grátis

Foi inaugurado em Barcelona dia 16/10/2009 a loja de produtos gratuitos Esloultimo (é o último, traduzindo do espanhol para o português).

É a primeira loja "Amostra Grátis" do mundo. O cliente se cadastra e paga uma taxa semestral de€ 5 (€ 0,8 por mês) e tem o direito de levar para casa 5 produtos a cada 2 semanas, sem repetir o produto.

O faturamento previsto para Esloultimo para o ano de 2010 é de € 3,5 milhões de euros.

Uma passagem de ônibus em Barcelona custa € 1,35. Se você for e voltar à loja de ônibus você gasta € 2,70, como você pode visitar a loja 2 vezes por mês, você gastaria € 5,40 só de ônibus, mais que os € 0,80 do cadastro da Esloultimo.

Se o cliente gasta mais indo à loja do que dentro dela, como é que a previsão do faturamento é de € 3,5 milhões para 2010, de onde vem esse dinheiro?

Cada produto novo que é lançado no mercado prevê um investimento em "amostras grátis" para aprovação pelos seus consumidores. Você já foi ao supermercado e uma moça, ou moço, lhe oferece um biscoito para você experimentar, se você gostar você leva um pacote para casa. Esta loja faz exatamente isso, abre as suas prateleiras para as fábricas deixarem seus produtos para os consumidores experimentarem, e se gostarem do produto, vão procurar nas lojas para comprá-los e começar a consumi-los.

Esloultimo ganha dinheiro "alugando espaço" nas suas prateleiras para o lançamento de novos produtos. Seu grande trunfo é a quantidade e o perfil do seu cadastro de clientes. É uma loja-pesquisa, que oferece "amostra grátis" para que o consumidor teste e experimente um produto. Na abertura tinham 78 tipos de produtos à disposição.

Texto de out/09

## O Bigode

Levantamento feito pela consultoria de serviços financeiros Quicken em parceria com o Instituto Norte-americano do Bigode mostra o sucesso dos bigodudos nos Estados Unidos. Nesta pesquisa foram entrevistados 2 mil cidadãos americanos com bigode, 2 mil com barba e 2 mil sem bigode nem barba, no primeiro semestre deste ano.

O salário do americano com bigode é em média 8,3% maior dos que têm barba e 4,3% dos que não tem nem barba nem bigode.

Apesar de ganhar mais, o bigodudo gasta 11% a mais e economiza 3% menos que os americanos de cara limpa ou barbudos.

Dos rendimentos dos bigodudos, 10% são gastos com itens de higiene pessoal e 11% com bebidas alcoólicas.

Ainda são fundamentais para o bom profissional o conhecimento, a educação, a sua formação e suas capacidades para alcançar o sucesso profissional.

Pesquisa sobre a aparência das pessoas e seus rendimentos é interessante, como curiosidade. A quantidade de pelos no rosto não pode ser determinante para a carreira das pessoas, nem mesmo nos Estados Unidos, sede do Instituto Norte-americano do Bigode. Mas, em todo caso, para ter sucesso basta pintar a sua casa de azul (conforme vimos nesse blog) e cultivar o bigode.                    Texto de out/09

## Diminuir impostos e aumentar a arrecadação

Nesses tempos de crise econômica mundial é interessante vermos um conceito econômico que pode ajudar a explicar o porquê de certos governos estarem reduzindo impostos pelo mundo afora, incluindo o Brasil.

O economista americano Arthur Laffer é autor de um conceito econômico que analisa a taxa de impostos cobrada nos produtos e a respectiva arrecadação de impostos. Quanto mais alto for a taxação no produto menor será o seu consumo, e vice-versa. Se a taxação for de 0% o consumo atinge o seu máximo, e a medida que o imposto incidente for aumentando o consumo do produto vai diminuindo.

Vamos explicar como isso funciona na prática.

Consideramos o preço de um produto em R$100,00, sem impostos.

O imposto sobre este produto é de 20%, então seu preço para o consumidor será de R$120,00, sendo que R$100,00 fica para o produtor e R$20,00 é arrecadado em impostos.

Se este imposto for reduzido a 10% seu preço baixa a R$110,00, continua sendo R$100,00 para o produtor e agora R$10,00 em imposto arrecadado.

O produto a R$120,00 é mais caro que o mesmo produto vendido a R$110,00, obviamente. Mas sendo vendido a R$110,00 há mais consumidores com capacidade de comprar o produto do que se o preço fosse R$120,00. A conseqüência disso é que serão vendidos mais produtos com o preço mais baixo.

A tarefa do economista nesse caso é "descobrir" qual o melhor índice para a taxação do imposto no produto, onde o Governo consiga o máximo possível na arrecadação do imposto incidente, o consumidor tenha condições de comprar e o produtor consiga maximizar a sua produção.

Texto de out/09

## Redução de impostos e ganho ambiental

O Ministro da Fazenda, Guido Mantega, em solenidade junto com o Ministro de Minas e Energia, Edison Lobão, com a presidente do IDV (Instituto para Desenvolvimento do Varejo), Luiza Trajano e o presidente da Eletros

(Associação Nacional dos Fabricantes de Produtos Eletroeletrônicos), Lourival Kiçula, anunciou continuidade na política de redução de impostos para alguns produtos brasileiros.

Os produtos da linha branca, fogões, geladeiras, freezers, tanquinhos e máquinas de lavar, continuam com redução no IPI (Imposto sobre Produtos Industrializados). Mas agora a desoneração tributária leva em consideração o consumo de energia destes produtos. Quanto menor o consumo, maior a desoneração tributária concedida e menor agressão à natureza.

Conforme a PNAD, do IBGE, nos domicílios brasileiros 98,2% têm fogão, 92,1% geladeira, 41,5% máquina de lavar roupa e 16% freezer. Essa medida pode estimular o consumo (como analisamos ontem aqui) de todos os eletrodomésticos da linha branca, pois reduzindo o imposto, o preço do produto fica menor e mais acessível ao consumidor, atingindo não apenas os 58,5% dos domicílios que não possuem máquina de lavar, mas também os 98,2% que possuem fogão e gostariam de trocá-lo.

Essa medida é interessante, pois além de estimular o consumo destes eletrodomésticos, premia a preocupação com o meio ambiente também, sem contar que o produto que consumir menos energia gasta menos na conta de luz das pessoas no fim do mês. É uma economia na hora de comprar o produto, que está mais barato pela redução do imposto, e na hora de pagar a conta de luz, com o consumo menor de energia elétrica.

Todas as políticas que premiam o consumo estimulam a economia, gerando mais emprego.

Todas as políticas que estimulam a economia de energia trazem benefícios ao meio ambiente, trazendo melhor condições de vida ao ser humano melhorando o ar que respiramos.

Estimular a economia e beneficiar o ambiente em que vivemos deve ser corriqueiro nas políticas públicas. A esperança é que essa preocupação seja freqüente nas próximas medidas que forem tomadas pelas administrações públicas, em todas as esferas.

Texto de out/09

## O Turista Estrangeiro no Brasil

No post anterior comentamos uma pesquisa traçando o perfil do turista brasileiro. Hoje vamos analisar uma pesquisa feita pela Zaytec e pela EMBRATUR com 2.045 turistas estrangeiros que passaram pelo menos 3 dias em território brasileiro, no momento de seu retorno ao país de origem.

O povo brasileiro é o melhor do país, conforme opinião de 45% dos entrevistados, quase o dobro do segundo item mais citado, as belezas naturais e a natureza, com 23% e das praias e do mar, com 18%. A alegria e felicidade das pessoas são responsáveis por 25% da imagem que os estrangeiros têm sobre os brasileiros.

A cidade mais lembrada pelos estrangeiros é o Rio de Janeiro, com 45% de citações, São Paulo teve 16% e Salvador 5%.

Qual é a comida típica nacional mais lembrada pelos turistas?

A feijoada teve 20% das citações, vindo depois o churrasco, com 16% e logo após o feijão com arroz, com 9%, mesmo patamar de citações das carnes. Nesse item eu somaria o percentual de carnes com o do churrasco, chegando a 25%, e dessa forma o churrasco e as carnes seriam o prato brasileiro mais lembrado pelos turistas estrangeiros.

Qual o símbolo do Brasil? A bandeira brasileira foi o símbolo mais citado, 24%, depois vieram o Cristo Redentor (17%) e o futebol (7%).

Entre os turistas entrevistados, 10% não viram nenhum ponto negativo na sua visita ao Brasil, mas 22% consideraram a violência e criminalidade o que não lhe agradaram, a pobreza 18%, a falta de segurança e de polícia foram pontos negativos na opinião de 15% dos estrangeiros que estiveram no Brasil. Nesse item vamos somar violência/criminalidade com falta de segurança/polícia, já que se trata do mesmo assunto, assim temos 37% dos pontos negativos citados pelos turistas estrangeiros na falta de segurança encontrada no país.

Segundo o Anuário Estatístico 2009, do Ministério do Turismo, em 2008 entraram 5.050.099 turistas estrangeiros no Brasil, 24.265 a mais que em 2007, quando ingressaram 5.025.834.

Nas duas pesquisas, sobre o turista brasileiro e o turista estrangeiro no Brasil podemos concluir que esta atividade econômica está crescendo e as perspectivas são boas, a maioria dos turistas gosta do que encontra e recomenda aos conhecidos, fortalecendo a propaganda boca a boca, que é uma das principais fontes de informação dos turistas.

Texto de nov/09

## A compra da cueca

A loja de departamentos britânica Debenhams fez uma pesquisa  a compra de cuecas naquele país.

O homem compra as suas próprias cuecas com 23 anos de idade, e até chegar aos 33 anos a tendência de comprar suas roupas de baixo vai diminuindo até chegar a zero. Volta a aumentar entre os 38 e 40 anos, e chega novamente a zero aos 44 anos, que é a última idade em que os homens são os responsáveis pela compra de suas cuecas, depois dessa fase a responsabilidade de compra passa a ser da esposa ou da filha.

## 5 Anos de Pesquisas e-Números - Comunicação Social

As idades em que o homem compra as suas próprias cuecas coincidem com as idades em que os homens iniciam relacionamentos amorosos. Pelo menos na Grã-Bretanha aos 23 anos é a idade em que os homens estão mais ativos, com 33 estão em um relacionamento estável, que pode terminar quando chega aos 38-40 anos, quando retomam a responsabilidade de compra da cueca e busca de um novo relacionamento, e aos 44 anos o britânico embarca em um novo relacionamento estável e encerra de vez suas funções de comprar as próprias cuecas.

A mulher pode perguntar para o homem que a convida para sair se é ele quem compra as próprias cuecas (perguntinha indiscreta né), se a resposta for afirmativa é sinal que o homem está querendo impressionar. Se o homem está comprando suas próprias cuecas é sinal que está bem intencionado, está buscando uma companheira para relacionamento.

E no Brasil, como é a compra da cueca?

Ainda não vi pesquisas a esse respeito.

Texto de nov/09

## A compra do material de construção

A Popai fez uma pesquisa, publicada na Revista Pequenas Empresas Grandes Negócios, entrevistando 1.949 pessoas nas cidades de São Paulo, Rio de Janeiro e Porto Alegre sobre a compra de material de construção.

A pesquisa mostrou que 71% das pessoas escolhem o que vão comprar quando estão dentro da loja de material de construção, este índice é de 56% entre os profissionais da área.

Antes de entrarem na loja apenas 29% dos consumidores já tinha definido em suas mentes a marca do produto a ser comprado, índice que vai a 43% entre os profissionais.

Os homens são 63% dos consumidores, entre os profissionais o predomínio masculino é ainda maior, 94%. A idade média do comprador é 40 anos. O valor médio gasto na compra é de R$110 e 2 entre cada 3 compras são pagas com dinheiro.

## 5 Anos de Pesquisas e-Números - Comunicação Social

O auxílio do vendedor é solicitado em 69% dos casos, 33% preferem o atendimento do especialista do setor na hora da compra.

A localização da loja é o motivo de 57% dos entrevistados da escolha sobre qual loja entrar para fazer suas compras de material de construção, os preços praticados são responsáveis por 48% dos motivos de compra e 38% avaliam a variedade dos produtos existentes na loja na hora escolher qual fazer suas compras.

A estratégia de marketing para as lojas de material de construção deve buscar atrair o consumidor para o seu estabelecimento, mostrar que a sua loja é a melhor opção, de fácil acesso. Depois de conseguir o cliente dentro da loja, é hora do bom atendimento do vendedor para que a venda seja efetuada e que esse consumidor volte à loja todas as vezes que estiver pensando em comprar material de construção.

Texto de dez/09

## Viajar ficou mais barato, ou mais caro?

Em 2009 viajar de avião ficou 31,88% mais caro, segundo levantamento feito pelo IPCA (Índice de Preços ao Consumidor Amplo), calculado pelo IBGE.

Mas ficou 25,36% mais barato, pelos números do IPC (Índice de Preços ao Consumidor), da FGV (Fundação Getúlio Vargas).

E agora, voar ficou mais caro ou mais barato em 2009?

Essa diferença é explicada pela metodologia dos levantamentos, enquanto o IBGE calcula os dados do primeiro ao último dia útil de cada mês, levando em consideração o preço à vista e tarifa cheia, a FGV consulta o preço de ida para sete cidades brasileiras para passagens compradas com 30 dias de antecedência, considerando a alternativa mais barata.

Respondendo a nossa pergunta, viajar de avião ficou mais barato para quem planeja a viagem com antecedência, enquanto os que não conseguem comprar antecipadamente, estão pagando mais caro para voar.

Texto de fev/10

## O Custo Brasil

Quanto custa produzir o mesmo produto, da mesma forma, em várias partes do mundo?

A Abimaq fez um estudo fazendo comparações entre a produção no Brasil e em outros países.

O mesmo produto fabricado no Brasil, se fosse produzido da mesma forma na Alemanha ou nos Estados Unidos custaria 36,27% a mais no nosso país que entre os alemães e americanos.

Por que isso acontece?

Há o impacto dos juros sobre o capital de giro, com custo médio 7,95% a mais, preço dos insumos básicos, 18,57% maior, impostos não recuperáveis na cadeia produtiva, 2,98% a mais, encargos sociais e trabalhistas, 2,84%, logística, 1,90%, burocracia e custos de regulamentação, 0,36%, os custos de investimento, 1,16% e os custos com energia, que são 0,51% maiores que os mesmos fatores que o fabricante na Alemanha ou nos Estados Unidos têm.

Se o "custo Brasil" é maior, os preços dos produtos fabricados no país são maiores que os produzidos nos outros países, o que tornaria mais caro comprar produto nacional que estrangeiro. Se o custo continuar nesse patamar, a tendência é o consumidor optar pelos produtos mais baratos, comprar os produtos estrangeiros, aumentando a importação e diminuindo a exportação, mas, principalmente, inviabilizando a indústria brasileira.

Texto de mar/10

Aceita um cafezinho?

No Brasil a resposta é sim para a grande maioria da população, segundo pesquisa feita pela Consultoria Ivani Rossi com 1.703 brasileiros em janeiro deste ano para a ABIC (Associação Brasileira da Indústria de Café). Esta pesquisa é realizada anualmente desde 2003.

Em 2009 aumentou o consumo de café, pelo menos uma xícara por dia é hábito de 85% dos brasileiros, em 2008 esse índice havia sido de 77%. O café preferido é o coado/filtrado, que em casa é consumido por 93% e fora de casa por 96% dos consumidores freqüentes da bebida. Mas cresceu a participação do café gourmet, de grãos especiais, em 2009 foi de 2,7% do total de café consumido, maior que os 1,2% de 2008. As mulheres são maioria, 54%, contra 46% dos homens no consumo do café.

Já vimos aqui no "Pesquisas e Números" alguns benefícios do café para a saúde das pessoas, na prevenção de doenças, e como a pesquisa "Tendência do Consumo de Café – 2009" levantou, quase a totalidade dos brasileiros tomam o seu cafezinho, a saúde nacional agradece.

Texto de mar/10

## Experimentando produtos novos

Qual a sua reação quando encontra algum produto novo no mercado?

Em Portugal, 86% dos consumidores gostam de experimentar as novidades que o mercado oferece, segundo o estudo Produto do Ano 2010, realizado pela Elogia Ipsofacto, pesquisando mais de 2000 portugueses.

76% até pagariam mais caro pelo produto novo, se ele atender as suas necessidades e expectativas. Mas a relação preço/qualidade ainda é o fator mais importante para 89% dos portugueses na hora da escolha, se a novidade trouxer melhorias para a saúde, 51% comprariam este novo produto e 43% se a novidade for de um produto mais natural.

Esses números são bons para a economia, estimulando a inovação e introdução de novos produtos no mercado, mostrando que o mercado português é aberto à inovação.

A loja Esloultimo, que analisamos em outubro do ano **passado aqui no "Pesquisas e Números", que é uma loja** de amostra grátis na Espanha, não precisaria ter filial em Portugal, já que as novidades que são distribuídas praticamente sem custo nenhum ao consumidor na Esloultimo, podem ser oferecidas ao mercado português que o consumidor está disposto até a pagar valores mais caros que o normal pelos novos produtos.

Não é preciso ser nenhum Professor Pardal para criar produtos novos e inovar, basta pesquisar novas formas de atender as necessidades do consumidor, os resultados são positivos, conforme vimos nessa pesquisa.

Texto de abr/10

## A escolha da lavanderia

Onde levar a roupa para lavar?

Para saber a resposta dessa pergunta a agência GS&MD fez uma pesquisa com 806 paulistas, para definir o perfil do consumidor de lavanderia, para o Sindilav.

Dos pesquisados, 87,5% utilizam com freqüência os serviços de lavanderia, e 69% destes o fazem pelo menos uma vez por mês. Enquanto entre os 12,5% que não são consumidores freqüentes 61,4% nunca utilizaram os serviços duma lavanderia para lavarem suas roupas, e 21% destes alegam o preço como motivo para jamais terem ido à lavanderias.

A escolha de qual estabelecimento levar as roupas para lavar é feita, em 60% dos casos, por lavanderias perto de casa, e apenas 6% preferem que seja perto do trabalho. Passar em frente ao local e "descobrir" a lavanderia é a forma como 76% fazem sua escolha, enquanto 20% seguem as dicas de parentes e amigos.

Mas não basta a boa localização, o atendimento também é importante, para 19% dos entrevistados, a qualidade do serviço teve 12%, mesma porcentagem de importância dada ao preço e prazos do serviço efetuado, como motivadores de uso das lavanderias em São Paulo.

Para o ramo de negócios de lavanderia, o principal ponto a ser considerado é a localização, depois é necessário, como todo empreendimento, bom atendimento, qualidade nos serviços e preço competitivo. Como essa pesquisa mostrou, alterações, para baixo, no preço dos serviços poderiam aumentar em 1,6% os clientes das lavanderias, que são os não usuários que poderiam começar a utilizar os serviços se o preço for menor.

Texto de abr/10

## Os juros na gangorra

Dia 28 de abril a Taxa Selic, a taxa básica de juros no Brasil aumentou e está em 9,5% ao ano, culpa da retomada da economia e conseqüente aumento do consumo originando inflação.

Na mesma semana o Banco Central anunciou que os juros médios cobrados pelos bancos às pessoas físicas caíram ao menor patamar desde que esse levantamento é feito, 1994.

Ora, na mesma semana os juros subiram e desceram, a taxa básica de juros foi elevada enquanto a taxa média para as pessoas tiveram o seu menor valor. Já comentamos no Pesquisas e Números a importância da taxa de juros para a economia.

A subida na Taxa Selic foi conseqüência do aumento dos preços que a retomada do consumo propiciou.

Já a menor taxa de juros às pessoas físicas é conseqüência de outra notícia dos últimos dias, da queda da inadimplência da pessoa física, a menor nos últimos 2 anos, segundo dados do Banco Central.

Como funciona o cálculo dos juros que uma instituição financeira irá cobrar?

Vamos simplificar, a instituição financeira "vende" dinheiro, a pessoa empresta, ou "compra", dinheiro e vai pagando a sua "compra" em prestações. O cálculo de quanto é cada prestação depende da expectativa das pessoas pagarem ou não essas parcelas, ou seja, se a chance da "venda", empréstimo, ser paga é grande, a taxa de juros embutida na prestação é menor do que se a chance do calote for maior. Por isso a baixa inadimplência ocasiona queda na taxa de juros.

Mas, como a taxa básica de juros no Brasil subiu em abril, não acredito que no próximo mês, mesmo mantendo-se a inadimplência baixa, os juros cobrados às pessoas físicas continuem em queda, infelizmente.

Texto de mai/10

Consumidor fiel, ou não?

Uma pesquisa feita com mais de 5000 pessoas em 12 países revelou as trocas de fornecedores que os consumidores costumam fazer.

## 5 Anos de Pesquisas e-Números - Comunicação Social

Essa pesquisa, realizada pela consultoria Accenture, mostra que os consumidores dos países emergentes são os que trocam de fornecedor para seus produtos com mais frequência, 87% mudaram a marca de algum produto que compraram em 2009, esse índice foi de 64% entre os consumidores dos países desenvolvidos.

Essa pesquisa tem mostrado que os consumidores estão ficando cada vez mais infiéis, a média de consumidores que trocaram de fornecedor em 2007 havia sido de 59%, subiu a 67% em 2008, e no ano de 2009 cresceu novamente, para 69%, entre os 12 países pesquisados pela Accenture.

Apenas 7% dos chineses não mudaram de fornecedor em 2009, o Brasil foi o 2º, com 12%, a Índia completa o pódio dos consumidores infiéis, com apenas 15% de clientes que continuaram com o mesmo fornecedor. Nos Estados Unidos 44% dos consumidores se mantiveram fiéis.

Os brasileiros, além de trocarem de fornecedor, fazem comentários a respeito na internet, é o consumidor que mais demonstra sua insatisfação, 49%, enquanto a média de propagação da insatisfação entre os 12 países consultados é de 25%. Serviços de internet e telefonia fixa são os campeões de troca de fornecedor no país, não por acaso também são os líderes em reclamações nos órgãos de defesa do consumidor.

A concorrência, a competição entre as empresas faz com que quando um produto ou serviço não agrada, é fácil a troca pelo similar oferecido pelas outras empresas do mercado. O grande desafio das empresas não é apenas conquistar novos clientes, mas conseguir mantê-los fiéis, e fazer do seu consumidor também um canal de comunicação, um meio de divulgação dos seus produtos e serviços. Essa pesquisa mostra que o caminho é longo e árduo.

Texto de mai/10

## Quanto imposto!!

Você sabe quanto paga de imposto cada vez que realiza uma compra?

A cada R$10 que o brasileiro gasta comprando carne de frango, R$1,97 vai para os cofres públicos em forma de imposto. **Esse é um dos resultados que a FIESP mostrou** num estudo realizado para determinar o peso dos impostos no dia a dia das pessoas.

A cada R$10 gasto na compra de pães, R$1,77 vai para o bolso público, na compra do sabão em pó essa quantia é maior, de R$4,55. E quando você paga a conta de luz esse valor é ainda mais alto, de R$6,46. Aqui ainda causa uma estranheza maior, a maioria das empresas fornecedoras de energia elétrica no país é estatal, ou seja, a cada R$10 que você paga na conta de luz, R$6,46 vão para os cofres públicos em forma de impostos, e os R$3,54 restantes continuam indo para os cofres públicos, mas agora como pagamento pelos serviços de fornecimento de luz.

Nos Estados Unidos a carga média de impostos contidas nos alimentos é de 0,7%, enquanto no Brasil esse índice é de 17%. As famílias brasileiras com renda mensal de até R$2.000 gastam 35,4% de suas rendas com alimentação, enquanto as que recebem mais de R$32.000 mensais a alimentação representa apenas 4,1% de seu orçamento. As famílias com renda até R$2.000 mensais representam 71% de toda a população brasileira, e se os impostos sobre os alimentos fossem dos 17% para 2%, que é quase 3 vezes maior que nos Estados Unidos por exemplo, elas teriam sua renda aumentada em 5%.

Nunca antes na história deste país se arrecadou tanto impostos quanto no último ano. Comentamos aqui no **Pesquisas e Números** que chegamos ao trilhão arrecadado em impostos em 2009 antes de 2008. Vamos ver qual será o comportamento dos impostos esse ano.

Texto de mai/10

## O empreendedor brasileiro, a inovação e o mercado

Quando o empreendedor brasileiro enxerga uma oportunidade no mercado e quer iniciar um negócio, o setor de serviços orientados ao consumidor tem a preferência de 70% dos casos. Porém, essa não é uma tendência só do empreendedor brasileiro, de acordo com a **pesquisa GEM (Global Entrepreneurship Monitor) de 2009**, nos 54 países participantes do GEM, a maioria dos empreendedores também busca atender o consumidor. O que nos chama a atenção é que o empreendedor brasileiro não é inovador.

Há várias abordagens sobre inovação, mas para a pesquisa GEM são focadas duas medidas: a novidade do produto para o mercado e o nível de competição a ser enfrentado. Esse enfoque é para empreendedores em estágio inicial, aqueles que iniciaram um negócio mas ainda não completaram três anos e meio de rendimentos com o empreendimento.

Na pesquisa realizada pelo GEM no mundo é perguntado ao empreendedor se o produto ou serviço que ele oferece ao mercado é novo, ou já é conhecido pelos consumidores, e se ele enfrenta forte concorrência ou não.

No Brasil apenas 5,5% dos empreendedores oferecem um produto novo, 11% dizem que seu produto ou serviço é novo para uma parte do mercado, e 83,5% (mesma proporção do ano anterior) não consideram seus empreendimentos nem seus produtos ou serviços baseados em inovação. Com relação à competitividade dos negócios, para 67,5% dos empreendedores a concorrência é alta, 26,5% enfrentam uma concorrência razoável, e apenas 6% são pioneiros, atuando em segmentos ainda inexplorados.

Ao analisar essas duas variáveis, combinando a novidade do produto e o tamanho da concorrência, dentre os 54 países pesquisados o Brasil é o que possui empreendimentos com menor conteúdo inovador. Essa constatação mostra que a dinâmica do mercado brasileiro ainda é doméstica. Dados do GEM Brasil também revelam que a maioria (89,5%) dos nossos empreendedores não busca consumidores fora do país. O empreendedor brasileiro "nasce" para atender o mercado interno com produtos e serviços já existentes, sinalizando que ainda há espaço para o crescimento dentro das próprias fronteiras. Por outro lado, a pesquisa demonstra que o empreendedor brasileiro precisa amadurecer, não só para conquistar o mercado externo, como também para buscar a inovação. De qualquer forma, somos um povo empreendedor, e quando os brasileiros empreenderem e inovarem, estaremos alinhados rumo ao crescimento econômico sustentável, melhorando as condições de vida da população.

Texto de mai/10

## Mais caro e mais escuro

Em 2009 os brasileiros ficaram no escuro por 18,7 horas, em média. Esse número é maior que o limite estabelecido pela Aneel, e também ficou acima da média de 2008, de 16,6 horas.

## 5 Anos de Pesquisas e-Números - Comunicação Social

O preço da energia tem subido nos últimos anos, entre 2002 e 2009 subiu 150%, 83% acima da inflação para o mesmo período.

O consumo de energia elétrica também cresceu, nos últimos 5 anos foi de 30%, 6% apenas em 2009.

Um produto normal sofre as alterações que o mercado lhe atribui. Por exemplo, se aumenta a sua procura, aumenta a sua produção para atender este consumo, podendo aumentar o seu preço, se forem poucos os concorrentes, ou diminuir o preço, já que a produção maior significa maior economia de escala, que faz com que o custo unitário do produto seja menor com o aumento da produção.

O cenário que vemos na energia elétrica no país foge de qualquer teoria econômica, o consumo está aumentando, o preço sobe mais ainda, e os serviços e produtos oferecidos pioram. Há alguma coisa errada, ou nas teorias econômicas que não conseguem explicar esse fenômeno, ou no gerenciamento da energia elétrica no país, que não atende de maneira satisfatória o consumidor brasileiro.

Texto de jun/10

## Faturando na Copa do Mundo

Durante a Copa do Mundo, a economia nacional ganha, ou perde?

A **ACSP divulgou pesquisa que mostra que o brasileiro pre**tende gastar R$181 com a Copa do Mundo, sendo 20% com comida. Se o Brasil estiver disputando a final no dia 11 de julho na África do Sul este valor deve chegar aos R$357.

Uma outra medida do movimento comercial são as consultas ao SCPC (serviço central de proteção ao crédito), que tem seu movimento aumentado de 20 a 50% horas antes dos jogos da seleção brasileira, enquanto durante o jogo a queda é de 97% do movimento normal do horário.

O Frigorífico Quatro Marcos fez um levantamento entre seus clientes, a venda de carnes subiu 20% em relação ao mesmo período de 2009.

São gerados 400 mil vagas de empregos temporários no país nessa época, conforme informações da Abrasel.(Associação Brasileira de Bares e

Restaurantes). Esse número só não pe maior pela falta de qualificação, pois ainda há vagas esperando para serem preenchidas. Além das vagas criadas, houve um aumento de 10 a 15% nos salários do pessoal deste setor.

A Copa do Mundo é uma oportunidade de negócios que é aproveitada por alguns segmentos econômicos, além do aumento do consumo de produtos para churrasco, os vendedores de pipoca, cerveja, tecido verde e amarelo, vuvuzelas e administradores de bolões também estão aproveitando esse evento para faturar.

A economia funciona desta maneira, da mesma forma que alguns setores perdem movimento e faturamento com as paralisações para os jogos da Copa do Mundo há gente faturando com produtos alusivos a este evento.

Texto de jul/10

## Consumidor virtual X físico

Qual a diferença entre o consumidor que vai pessoalmente nas lojas e aquele que clica na internet?

O blog Plantão Online comenta uma pesquisa sobre esse assunto realizada pela e-bit e Instituto Análise.

Vamos a algumas diferenças:

O orçamento médio do consumidor físico é de R$1.444,52, enquanto o virtual é de R$3.560,79.

66% dos clientes do varejo estão na faixa etária entre 25 e 59 anos, enquanto essa faixa representa 80% dos consumidores virtuais.

Os clientes virtuais pagam com cartão de crédito, enquanto o dinheiro é o meio de pagamento preferido dos clientes das lojas físicas.

O consumidor virtual está se tornando cada vez menos virtual e assumindo maior importância junto ao comércio, que deve se preocupar e prestar mais atenção com esse neoconsumidor, que já comentamos aqui mesmo no blog.

Para acompanhar a matéria completa no Plantão Online, basta clicar aqui.

Texto de jul/10

## Que beleza!!!

A força da beleza brasileira foi desvendada pela revista Exame PME em uma reportagem especial na edição de outubro de 2010.

Quase 50 bilhões de reais foram vendidos em produtos de beleza no Brasil. Com esses números o país é o 3º maior mercado de produtos de beleza no mundo, perdendo para Estados Unidos e Japão. Em 2002 éramos o 8º.

Alguns números sobre esse crescimento:

* 16 mil academias de ginástica, em 2003 eram 7 mil.
* 150 mil salões de beleza, eram 80 mil em 2003.
* 1 mil spas, eram 300 em 2003.
* A brasileira, e o brasileiro também, gastaram em média R$256 em 2009, enquanto gastavam R$131 em 2003.

Com mais gente consumindo produtos de beleza, a produção aumenta, fazendo com que o custo unitário baixe, o que aconteceu com os xampus, cujo preço médio de um frasco de 200ml caiu de R$15 em 2000 para R$7 em 2010, e com o preço médio do pote de 50g de creme anti-idade, que caiu de R$120 em 2000 para R$60 em 2010.

Sinal que a população brasileira está se cuidando mais, preocupada com sua beleza e bem estar. Isto ajuda não apenas a sermos um povo mais bonito, mas também a dinâmica da economia, fortalecendo o segmento de beleza dentro das atividades econômicas brasileiras.

Texto de out/10

## O tomate é o culpado

Curitiba, Goiânia e Belo Horizonte formam o pódio das capitais brasileiras com maiores aumentos nos produtos da cesta básica no mês passado, segundo os cálculos do Dieese.

Mas o pódio das capitais onde a cesta básica é mais cara é formado por São Paulo, Porto Alegre e Curitiba. Nestas cidades é necessário trabalhar pelo menos 100 horas mensais para conseguir comprar uma cesta básica, considerando o valor do salário mínimo.

Em compensação estão no nordeste as cestas mais baratas, em Aracaju, João Pessoa e Fortaleza.

O tomate foi o grande vilão, mais uma vez, por colocar Curitiba nos 2 pódios, com aumento de 23,03% no seu preço, a batata ajudou um pouco, subindo 18,70% na capital paranaense em outubro.

O feijão só não foi vilão em Curitiba porque outros produtos subiram mais, mas em compensação, aumentou mais de 10% em todas as capitais pesquisadas, exceção apenas na região sul.

A subida no valor da cesta básica foi nacional, não houve nenhum item que tenha caído o preço em outubro.

No Pesquisas e Números já vimos mais sobre os itens que compõem a cesta básica do Dieese, junto com dicas sobre como fazer um prato para uma alimentação saudável.

Quando os seus gastos diminuem sobrando dinheiro no final do mês é um bom sinal, mas quando ocorre o inverso, a cesta básica aumenta sem que seu salário aumente, isso é chamado inflação, que corroeu o seu salário no mês, fazendo com que com o mesmo valor em dinheiro que você recebeu mês passado você compre menos produtos.

Texto de nov/10

Ê vida boa!

Todos os dias vemos notícias sobre as coisas ruins que acontecem pelo mundo.

Sinal que a vida vai acabar, que viver não está sendo bom?

**Não é bem assim, a jornalista Vi Teobaldo, no seu blog O Perdigueiro, faz uma análise muito bem feita sobre como a vida evoluiu nos últimos dez mil anos.**

Apenas em termos de produtos que temos à disposição, podemos dizer que 10 mil anos atrás teríamos no máximo uns 300 produtos para escolher. Hoje, se entrarmos em Manhattan temos 10 bilhões de produtos para escolher, baseado no sistema de código de barras UPC.

Quer saber mais sobre as conclusões que a Vi Teobaldo chegou?

Vale a pena, acesse o blog.

Texto de dez/10

## A evolução na competitividade turística

Em 2010 o Brasil melhorou seus resultados no ICTN, Índice de Competitividade Turística Nacional.

O conjunto de indicadores que compõem o índice, calculado pela FGV/RJ, é dividido em 13 dimensões. Entre 0 a 100 o ICTN de 2010 foi de 56, superior aos 52 de 2008 em 4 pontos. Foram pesquisados 122 destinos, onde o pesquisador passava 5 dias em cada um deles fazendo o levantamento.

Os indicadores nacionais com melhor desempenho foram em Cooperação Regional, com subida de 7%, Serviços e Equipamentos, com 6% e em Capacidade Empresarial, 5,6%.

As cidades com maiores notas foram a capital paulista São Paulo e a paranaense Foz do Iguaçu. São Paulo se destacou em Acesso, Serviços e Equipamentos e Monitoramento e Economia Local, enquanto Foz do Iguaçu teve destaque nestes mesmos 3 itens e também em Marketing e Promoção do Destino.

O Brasil será um dos principais destinos turísticos do mundo em 2014 e 2016, graças aos eventos esportivos da Copa do Mundo e das Olimpíadas, por isso é importante que cada vez mais os serviços turísticos disponíveis melhorem.

Apesar que, quem faz turismo no Brasil, seja o próprio brasileiro ou seja estrangeiro, só tem elogios ao nosso país, mesmo assim ainda precisamos melhorar. Essa melhora traz benefícios não apenas ao turista, mas também a população local.

Texto de fev/11

### Estão sobrando casas, ou faltando?

Em 2010 o IBGE fez o Censo populacional, quando são entrevistados todos os brasileiros, todas as casas são visitadas para saber quantos e quem somos, e como estamos vivendo.

Na área habitacional, o Censo concluiu que há 6 milhões de domicílios vagos, sem que haja ninguém morando nesses locais.

O mesmo Censo levantou que seriam necessárias a construção de 5,8 milhões de moradias para famílias brasileiras que não moram em habitações consideradas adequadas.

A conta é simples né, se temos 5,8 milhões precisando de casas para morar e tem 6 milhões vazias, basta colocar esses 5,8 milhões nas casas vazias, e ainda assim teríamos 200 mil moradias sobrando.

Mas não é tão simples assim, as moradias que estão vazias provavelmente não poderiam ser ocupadas pelos que não tem habitação adequada, por fatores como renda familiar, localização e tamanho das casas ou apartamentos, ou seja, para atender os que ainda não tem moradia adequada seria necessária a construção de novas unidades residenciais na medida, em tamanho e preço, que atenda a esse déficit.

Esta conta que não bate deixa sem resposta se no Brasil sobram ou faltam moradias, demostrando que falta planejamento, da parte do governo e das construtoras, para saber o que o cliente, o potencial comprador e morador das moradias a serem construídas, precisa e tem condições de consumir, de comprar.

Texto de fev/11


## O chocolate e o brasileiro

A Páscoa já passou, foi semana passada, mas os chocolates ainda continuam presentes nos lares brasileiros.

Para conhecer os consumidores de chocolate no país o Ibope foi pesquisar sobre isso, ouvindo mais de 18 mil pessoas nas principais regiões metropolitanas brasileiras.

66% dos brasileiros consumiram algum chocolate nos últimos 7 dias quando a pesquisa foi feita, sendo que entre os homens o índice é de 61%, subindo a 71% entre as mulheres.

## 5 Anos de Pesquisas e-Números - Comunicação Social

As pessoas com idades entre 12 e 19 anos são as que mais consomem o produto, 77%, enquanto as que estão entre 55 e 64 anos o número diminui para 53%.

Em Curitiba o consumidor de chocolate está mais presente, 73%, enquanto o morador do Rio de Janeiro é o que menos consome o produto, 63%.

O tablete é o preferido pelos consumidores, que foi consumido por 82% dos entrevistados, enquanto os bombons foram consumidos por 72% e as barras recheadas por 55%. Como a soma dos 3 principais tipos de chocolate supera os 100%, significa que o consumidor de chocolate o faz com frequencia, e não tem um estilo preferido, pode consumir tanto em tabletes quanto bombons ou barras recheadas.

O chocolate é matéria de inúmeras reportagens nessa época, sobre seus benefícios à saúde, receitas de vários pratos usando cacau, enfim, para que gosta do chocolate, no Oba Gastronomia há alguns textos, e receitas, interessantes sobre esse doce tema.

Texto de mai/11

## Teste cego com 70 cervejas

Em 2009 analisamos no Pesquisas e Números um teste cego com as 4 principais cervejas consumidas no Brasil, onde os participantes do teste, os bebedores, não sabiam qual era a cerveja que estavam tomando e entre 2 copos de cerveja tinham que dizer qual era a melhor.

A revista Maxim fez um novo teste cego com cervejas no país, provando 70 cervejas num bar por 5 horas com os testadores bebendo e avaliando as cervejas conforme aroma, aparência, sabor, boca e impressão geral, com notas totais chegando no máximo a 50.

Esse teste foi chamado de 1º Prêmio Maxim de Cerveja Brasileira 2011, que deve ser realizado novamente, nos mesmos moldes, em 2012.

A grande vencedora, atingindo 39,6, foi a Baden Baden, de Campos do Jordão.

Eu pessoalmente já experimentei esta cerveja, aprovei, gostei, mas como ainda estou longe de ter experimentado boa parcela das 70 que estiveram em teste, não vou dar meu parecer antes de analisar mais concorrentes.

Afinal de contas, como o Pesquisas e Números já analisou em outras oportunidades, a cerveja faz bem à saúde, além de ser um ótimo repositor de energias após a prática esportiva.

Texto de mai/11

## Café? Saúde !!

Cada vez mais o café vai se tornando um poderoso aliado à boa saúde das pessoas.

Desta vez foi a Associação Americana do Coração que publicou um estudo comprovando os benefícios do café para os adultos e até mesmo as crianças. Para os adultos protege contra possibilidade de doenças como derrame e Alzheimer, e no caso das crianças melhora a concentração e a memória.

Não é a primeira vez que analisamos no Pesquisas e Números o café e sua importância na saúde das pessoas, nesta matéria vimos que a chance do homem ter câncer de próstata pode diminuir com o consumo desta bebida.

E qual deve ser o consumo ideal?

Segundo os especialistas de saúde, 600 ml de café por dia é a porção ideal, que corresponde de 3 a 4 xícaras diárias.

Conforme já vimos no Pesquisas e Números, podemos afirmar que o brasileiro está se cuidando bem, em se tratando do consumo de café, já que estamos consumindo cada vez mais essa bebida. As mulheres estão se cuidando mais que os homens, pois entre os bebedores de café, a maioria pertence ao sexo feminino.

Texto de jul/11

### Imposto: membro da família brasileira

Os gastos das famílias brasileiras com impostos diretos superam os de produtos essenciais, como vestuário, por exemplo.

Em artigo publicado no CRA-SP, em 2008 as famílias brasileiras passaram R$7,77 bilhões ao governo através do pagamento de impostos diretos, enquanto nesse mesmo ano as famílias gastaram R$7,5 bilhões em roupas.

## 5 Anos de Pesquisas e-Números - Comunicação Social

Ano após ano os impostos arrecadados estão aumentando, passando da casa do trilhão de reais cada vez mais rápido, como foi em 2009, em 2010, e deverá ser em 2011, se continuar nesse caminho.

Vimos a diferença que traria nos bolsos das famílias uma diminuição dos atuais 17% em média que pagamos sobre os alimentos que compramos no supermercado, bem como do mau uso que é feito de todo o dinheiro que é arrecadado.

Há um conceito econômico que analisa a arrecadação de impostos com o consumo das famílias, do economista Arthur Lafer, que mostra que quanto mais alta a taxação sobre o produto menor será o seu consumo. Ou seja, aumentar as alíquotas não faz o total de impostos arrecadados aumentarem, mas mexe principalmente nos bolsos de quem paga impostos, que é o brasileiro.

As famílias brasileiras gastando mais em impostos que em roupas mostra que o governo, através da tributação, está presente nas nossas casas, deve ocupar um espaço maior que os armários que guardamos nossas roupas, se tornando um membro da família, que passa a ser formada pelos pais, filhos e o governo.

Texto de ago/11

## Serviço de atendimento ao consumidor

Quando você tem algum problema com produto ou serviço que adquiriu, como você vai reclamar?

Para saber como o consumidor paranaense reage quando tem problemas com produtos e serviços a Paraná Pesquisas entrevistou 1.322 pessoas em 80 municípios do estado.

A própria empresa em que a compra foi realizada é questionada sobre o problema em 66% dos casos, sendo que o SAC da empresa foi citado como meio mais confiável para resolver o problema por apenas 15% dos consultados.

Dos consumidores que buscam os seus direitos 72% conseguem uma solução, sendo que apenas 4% ficam com o problema e desistem de resolver a situação.

As mulheres reclamam 35% a mais que os consumidores do sexo masculino.

O Procon, existente em 50 dos 399 municípios paranaenses, é procurado por 15% dos entrevistados, mas é o local mais confiável para resolver o problema, na opinião de 54% dos consultados.

As empresas são procuradas pela maioria dos consumidores que se sentem lesados, mas não são as mais confiáveis para resolverem o problema, isso é uma falha.

O consumidor que reclama está dando uma chance para a empresa melhorar a sua imagem, que sempre fica arranhada quando surge um problema, e a empresa não está aproveitando esse contato, parece que considera o consumidor reclamão como um chato, quando na verdade é o seu melhor amigo, pois está dizendo que há algo errado e onde esse erro pode ser corrigido, é uma bela oportunidade da empresa melhorar e aprimorar o seu produto, ou serviço, na opinião de quem mais entende, que é o seu consumidor.

Se o consumidor está se importando com a empresa a ponto de procurá-la para resolver seu problema, a empresa deveria dar a mesma importância no atendimento. Se não houver reclamação a empresa não sabe do problema em seu produto, ou serviço, vai perder este consumidor que teve o problema, que dificilmente irá adquirir algo da empresa novamente, além de sempre que perguntado sobre os produtos, ou serviços, que a empresa oferece irá falar mal, reclamar e não recomendar os produtos, ou serviços, desta empresa.

Texto de nov/11

## Joga fora e compra um novo

Muitas vezes é mais barato comprar um produto novo do que tentar consertar o que quebrou.

No ano passado, 2011, os serviços aumentaram de valor, enquanto a maioria dos produtos de utilidade doméstica e eletroportáteis sofreram queda nos seus preços. A inflação geral ficou em torno de 5%, enquanto a inflação dos serviços quase chegou a 9%, considerando vários índices existentes no mercado.

Uma televisão nova baixou 17% em 2011, os aparelhos de som 10%, enquanto o custo para consertar uma televisão subiu 7,5% e para um aparelho de som 6%. Isto mostra que esses produtos acabam ficando cada vez mais descartáveis, vale a pena comprar um novo do que consertar, já que os preços dos produtos novos baixam e dos consertos sobem.

Os automóveis também estão nessa mesma linha, enquanto o preço médio dos veículos baixou 2,7% para os novos e 6,3% para os usados, o conserto do automóvel subiu 9,6%, o estacionamento 13,7% e os pedágios 7,5%. Neste caso não é tão simples jogar fora e comprar um carro novo, mas na medida em que fica cada vez mais fácil comprar um carro fica cada vez mais caro a sua manutenção, sem contar o stress do transito que fica cada vez pior.

Mas surge um novo problema: onde descartar esses produtos estragados. Aos poucos o poder público e a iniciativa privada vão encontrando soluções, sobre os descartes e até mesmo reaproveitamento dos componentes destes produtos.            Texto de jun/12

## O crescimento do pequeno e-commerce

O comércio eletrônico cresce a cliques vistos, ano a ano as estatísticas sobre o crescimento das lojas existentes e dos e-consumidores tem crescido.

Comparando os dados publicados na revista Exame PME      sobre      os últimos 3      anos      no comércio eletrônico percebe-se que as vendas totais passaram de 14,9 bilhões de reais em 2010 para 18,8 em 2011 e foi de 23,4 bilhões de reais ano passado, o que significou vendas de 40,1 em 2010, de 53,7 em 2011 e de 68,8 bilhões de reais em 2012.

Mas tem um dado nessa estatística que caiu, o do ticket médio, que era de 373 reais em 2010, foi de 350 em 2011 e chegou a 340 reais ano passado, isto sem considerar a inflação nesse período.

A principal causa do aumento do comércio eletrônico com a queda do ticket médio pode ser explicada pela proporção das 50 maiores empresas na participação do comércio eletrônico total, que era de 89% em 2010, caiu para 88% em 2011 e para 87% ano passado.

Este sinal é importante, mostra que as pequenas empresas também tem seu lugar no comércio eletrônico, ganhando mais espaço, mesmo com a facilidade que o e-consumidor tem de visitar lojas virtuais na internet e pesquisar as melhores ofertas.

Texto de jun/12

## A nossa entre as maiores do mundo

Qual a maior cidade do mundo?

Aqui foi analisado sob vários aspectos a "maior do mundo", em 2009, e 3 anos mais tarde esses rankings não se alteraram de modo significativo.

Após a Rio +20 o programa Fantástico, da Rede Globo, abordou um tema interessante: Planeta Terra: Lotação Esgotada, onde o último episódio foi sobre a maior cidade da América Latina, a brasileira São Paulo.

Alguns números levantados pela matéria:

- Consumo de 10 mil toneladas de comida por dia

- 30% de comida jogada fora

- 18 mil toneladas de lixo por dia

Apenas fazendo contas rápidas sobre esses números, são 3 mil toneladas de comida desperdiçadas por dia, ou seja, praticamente a cada 3 dias o consumo de alimentos de São Paulo de um dia é jogado fora.

Este desperdício poderia levar mais comida aos pratos daqueles que tem pouco o que comer, como poderia deixar mais barato o preço da comida em 30% se não houvesse tanta comida sendo jogado fora.

Colocar a culpa nos governantes e autoridades não da, não são eles que estão fazendo as refeições nas casas e restaurantes da cidade todos os dias. Então é papel de cada um, meu, seu, de tentar diminuir o desperdício de alimentos, para que esta lotação esgotada do planeta Terra possa viver, e sobreviver, por mais tempo em nosso planeta.

Façamos a nossa parte, vamos evitar o desperdício.

Texto de jul/12

## Loja física X Loja virtual

Temos acompanhado o crescimento do e-commerce ano a ano, inclusive com a ampliação das categorias de produtos e serviços disponíveis ao e-consumidor e da parcela das pequenas e micro empresas na participação de vendas online.

## 5 Anos de Pesquisas e-Números - Comunicação Social

A maioria das empresas considera importante ter uma loja virtual além das lojas físicas, para incrementar as vendas e manter a sua fatia de mercado. Quem não ficou surpreso com a entrada do Carrefour no e-commerce, quando anunciaram que a rede francesa criaria a sua loja virtual quando todos os seus concorrentes já estavam na internet, a surpresa foi na pergunta: "eles ainda não tinham loja virtual?", demonstrando que as lojas virtuais e físicas podem caminhar juntas, se complementam.

Mas quando as lojas virtuais matam as lojas físicas, o que acontece?

Segundo estudo publicado no Valor Econômico, quando as vendas online respondem por 15% das vendas totais duma determinada categoria, as lojas físicas quebram, pelo menos isso tem ocorrido nos Estados Unidos. A Blockbuster quebrou quando as vendas de vídeos online atingiram 17% do mercado.

As vendas totais pela internet estão crescendo a números três vezes maiores que o varejo tradicional.

No Brasil a internet responde por 3% das vendas do varejo total, enquanto na Inglaterra e Estados Unidos essa parcela se situa em torno dos 9%.

O índice de compras pela internet não vai chegar aos 100%, as lojas físicas não vão deixar de existir para transformar o mundo em uma grande rede onde tudo pode ser feito pela internet, mas a internet e o varejo online estão cada vez mais aumentando o seu espaço fazendo com que a concorrência por inovações, seja no e-marketing, nos e-produtos e nos e-serviços esteja cada vez mais acirrada.

Texto de ago/12

## Números Olímpicos

As Olimpíadas de Londres encerraram neste fim de semana, com recorde de medalhas conquistadas pela delegação brasileira. Lembrando que 20 anos atrás, nas Olimpíadas de Barcelona havíamos conquistado apenas 3 medalhas.

Ficamos na 22a posição, considerando nossas 3 medalhas de ouro, 5 de prata e 9 de bronze. Com estas mesmas 17 medalhas, mas trocando medalhas que quase foram ouro, como a prata do vôlei de praia com Emanoel e Allisson (se aquela ultima bola tivesse entrado), a do vôlei masculino (se um matchpoint fosse concretizado), do boxe com Esquiva Falcão (se os árbitros não descontassem os pontos de punição) e a do futebol masculino (se o Oscar acertasse a cabeceada no ultimo minuto do jogo), chegaríamos ao 12o lugar. Se apenas 2 destas 4 medalhas de prata fossem transformadas em ouro estaríamos na 15a posição. Considerando o azar das chaves que nossas equipes pegaram no handebol feminino e no basquete masculino bem como os milésimos de segundos que nossos nadadores estiveram de medalhas, chegaríamos ao recorde absoluto de medalhas olímpicas e de nossa melhor posição em uma edição dos Jogos Olímpicos desde seu início, ainda no século XIX.

Não podemos reclamar da performance de nossos atletas, onde na sua imensa maioria dedicaram mais que 100% de seus esforços para obterem o melhor resultado possível para o nosso pais. Concordo com Fernando Meligeni, que mostra o nosso espírito torcedor, quando sofremos, gritamos, vibramos e choramos por nossos atletas, mesmo sem entender nada do esporte, mas por sabermos que aquele atleta está nos representando da melhor maneira possível.

Além da performance esportiva temos o aspecto econômico das Olimpíadas, no Pesquisas e Números havíamos divulgado estudos que consideravam ganhos de exportação dos nossos produtos em 30% após os Jogos Olímpicos. Sem contar a quantidade de gente que acompanha os jogos, Londres 2012 foi assistida por 219,4 milhões de americanos (71% da população) e 52 milhões de britânicos (90% de sua população), considerando apenas a forca da audiência no pais sede e no campeão olímpico geral.

O lucro que este evento deixou em Londres foi de 16 bilhões de euros, chegando a 84% de ocupação da rede hoteleira, 98% do investimento na construção e manutenção das instalações olímpicas foi feito em empresas britânicas, 10 mil novos postos de trabalho foram criados, o movimento nos restaurantes cresceu 20%, nos bares e discotecas 24% durante o período olímpico. Até mesmo a cultura foi beneficiada, os teatros arrecadaram 114% a mais graças aos Jogos Olímpicos de Londres.

Agora somos Rio 2016, com a certeza que o ciclo olímpico que se iniciou na cerimônia de encerramento de Londres 2012 irá nos trazer o melhor resultado brasileiro numa edição de Jogos Olímpicos, além dos dividendos econômicos que um evento deste porte traz ao pais anfitrião.

## 5 Anos de Pesquisas e-Números - Comunicação Social

Alea jacta est !!! (a sorte está lançada)

Texto de ago/12

### Vendas pela internet

No primeiro semestre de 2012 chegamos aos 80 milhões de internautas no Brasil, sendo que quase metade destes fazem compras na internet.

Quais produtos são os mais comprados?

Em 2006, em pesquisa da e-bit publicada na revista Exame PME de junho, eram os Cds e DVDs, que respondiam por uma em cada 5 compras, vindo depois os livros, com 16% e os produtos eletrônicos, com 8,5%. Os 3 tipos de produtos mais comprados naquele ano respondiam por 44,5% de todas as vendas pela internet.

Apenas 5 anos mais tarde, em 2011, os produtos eletrônicos mantiveram a terceira posição, com 8%, mas a liderança foi para os eletrodomésticos, com 15%, seguidos por produtos de informática, com 12%. Estas 3 categorias responderam, em 2011, por 35% de todo o comércio eletrônico.

A tendência de crescimento do acesso a internet em nosso pais existe, e com esse crescimento também deve aumentar o volume de negócios no comércio eletrônico, diversificando os produtos ofertados online.

Texto de ago/12

## O prêmio da Mega-sena da virada

No último dia de 2012 será realizado o sorteio milionário da Mega-sena da virada, premiando mais de 230 milhões de reais.

**No Pesquisas e Números** analisamos o poder de um prêmio de loteria nas finanças dos seus ganhadores, que fazia com que o dinheiro, não sendo bem utilizado e administrado, pode trazer um descontrole financeiro e aumento das dividas pessoais mais tarde.

Ganhar na loteria faria com que 37% dos brasileiros deixasse de trabalhar para sempre, apesar que 29% afirmaram que não mudariam quase nada em sua vida atual, segundo pesquisa do Ibope.

Mas um megaprêmio da virada é dinheiro que não acaba mais, não é verdade? Nem precisa se preocupar com o seu fim, esse dinheiro nunca vai acabar.

Não é bem assim, vamos analisar alguns itens caros, de muito luxo, que a Revista Alfa calculou quanto custa a sua manutenção e ver se vale a pena, o quanto essas compras diminuiriam o seu megaprêmio.

Voce não vai ganhar 230 milhões na megasena da virada e comprar 11.5 mil carros populares de 20 mil cada um, mas pode comprar um lugar para morar, um carro, barco e avião para se locomover.

O carro pode ser uma Ferrari FF de 2,8 milhões, mas vai ter um custo de manutenção de 329 mil ao ano, que representa 11,75% do seu valor.

Pode comprar também uma Lancha Ferretti 830 por 30 milhões de reais, mas vai gastar 781 mil por ano em sua manutenção, 2,6% do seu valor.

Uma Ilha em Angra dos Reis também pode ser uma boa compra, por 6,5 milhões você adquire uma com 8,5 mil metros quadrados que vai te custar 242 mil por ano em manutenção, representando 3,7% do seu custo.

Um jato Legacy 650 também seria uma boa compra, por 60 milhões de reais, mas o seu custo anual beira os 3,5 milhões, ou 5,8% de seu valor.

Bom, se você ganhar os 230 milhões do prêmio da mega sena da virada e fizer essas 4 compras acima, vai gastar 99,3 milhões de reais para adquirir esses bens, mas o pior é ter que arcar com os 4,852 milhões de sua manutenção anual. Para que o valor desta manutenção possa ser tirado dos juros de suas aplicações do megaprêmio é necessário que o valor aplicado seja de 80 milhões de reais, que renderia pelo menos 6% ao ano.

Dessa forma, apenas com 4 compras de luxo você precisaria ganhar pelo menos R$180 milhões de reais da Megasena da Virada. Assim pode para parar de trabalhar, já que pode-se morar nessa ilha com todo o conforto necessário e se precisar passear para algum lugar usa-se a Ferrari, a Ferretti ou o Legacy, e ainda sobram pelo menos R$50 milhões para outras compras.

Se por um acaso tiver que dividir este prêmio vai ter que mudar os planos e comprar artigos mais modestos para sobreviver.                    Texto de dez/12

## O Brasil é o melhor na América Latina em relação ao e-commerce

Como saber se um pais está preparado para que sua internet possa ser um canal de vendas confiável para sua população?

A pesquisa feita pela America Economia Intelligence revela índices interessantes a esse respeito, que foi chamado de e-readiness.

Essa pesquisa compara o quanto 18 países da America Latina estão desenvolvidos para o comércio eletrónico, com base no volume de mercado, na infraestrutura tecnológica, na penetração dos serviços bancários, na adoção de novas tecnologias e na força da oferta doméstica.

Todos os índices pesquisados mostraram uma evolução na America Latina, cujo índice estava em 0,62 em 2009 e chegou a 0,80 em 2011, ano da realização deste estudo.

O Brasil está no topo, com índice de 1,24, tendo a companhia do Chile (0,80) e do Uruguai (0,71) para completar o pódio.

Esses dados refletem a realidade de 2011, agora para 2013 com certeza os índices devem ter melhorado ainda mais, mostrando o grande potencial que o e-commerce tem, com o Brasil estando na frente dos nossos vizinhos latino americanos.

Texto de mar/13

### Brasil, rumo ao Top 5

Temos acompanhado a evolução do e-commerce mundial e especialmente o brasileiro, onde somos os líderes na America Latina.

Mas, a nível mundial, como estamos?

Os 10 países com mais movimento de e-commerce, nesta ordem:

1) Estados Unidos
2) China
3) Japão
4) Alemanha

5) Grã-Bretanha

6) França

7) Brasil

8) Russia

9) Coréia do Sul

10) Itália

Ficamos na sétima posição com 3,1% de todo o e-commerce do mundo em 2012, mas se continuarmos nesse ritmo de crescimento, somados com as quedas na Europa, a tendência mostra que já em 2013, ultrapassamos a Grã-Bretanha e a França, sendo que em 2016 deixamos a Alemanha para trás e assumimos a posição de quarto maior mercado de e-commerce do mundo.

Em 2016 a China deve ser a líder do ranking, ultrapassando os americanos.

**Esses são os** resultados do T-Index, um índice estatístico que mostra o mercado online por pais com base no numero de internautas e de seu PIB per capita.

O resultado desta tendência no crescimento do comércio eletrônico no Brasil já temos **analisado e mostrado ultimamente,** estes dados do T-Index comprovam o nosso potencial de crescimento, que pode trazer junto o crescimento econômico do próprio pais, que esperamos e torcemos para que aconteça.

Texto de mar/13

## O tempo para responder o consumidor

Quando acontece algum problema com algum produto ou serviço que você adquiriu, o que você faz?

Entrar em contato com o SAC da empresa para tentar resolver o problema, fazer uma denúncia no Procon, **postar um texto no site Reclame Aqui ou buscar** contato através das redes sociais são as principais ferramentas de contato entre o consumidor e a empresa na hora de buscar uma solução para o problema.

**Um pin do painel Social Media da Martha Gabriel** no Pinterest traz os dados de levantamento feito no segundo semestre de 2012 sobre o tempo de resposta das empresas nas redes sociais. Vamos aos números pinados:

No facebook o tempo médio de resposta foi de quatro horas e meia.

## 5 Anos de Pesquisas e-Números - Comunicação Social

No twitter foi de duas horas e quinze minutos.

Somando o twitter e o facebook o tempo foi para três horas.

A grande maioria das respostas foram dadas em menos de 24 horas após o cliente ter entrado em contato com a empresa nas redes sociais, não indicando que as empresas resolveram nesse tempo o problema do consumidor, mas pelo menos tomaram conhecimento do problema.

A grande questão aqui não é de mostrar qual o melhor canal para o consumidor fazer a sua reclamação quando tiver problemas com alguma empresa, mas principalmente deixar claro a importância que as redes sociais tem no contato das empresas com seus consumidores, devendo ser uma ferramenta importante para que toda empresa possa conhecer e se tornar "amiga" do seu publico, e dessa forma atender e servir seu consumidor da melhor maneira possível.

Texto de abr/13

## O Brasil tem muito a crescer no e-commerce

Aposto que você deve ter ouvido falar muito sobre o potencial de crescimento do comércio eletrônico no nosso pais. Nem precisamos ir muito longe para ver esse potencial, veja as lojas que ficam perto da sua casa, quantas tem site na internet?

A revista Exame PME comparou o comércio eletrônico nos Estados Unidos com o do Brasil, vamos a alguns números:

42% dos internautas brasileiros fizeram alguma compra online, enquanto nos Estados Unidos esse índice chega a 67%

Os brasileiros gastaram 722 dólares em media no ano de 2012, enquanto os americanos 1207.

O faturamento das lojas virtuais no Brasil foi de 10,4 bilhões de dólares em 2011 para 12,5 em 2012, crescimento de 20%, enquanto nos Estados Unidos foi de 202 bilhões para 226, crescendo 12%. Esses números são bem menores que o crescimento da economia dos dois países.

**5 Anos de Pesquisas e-Números - Comunicação Social**

Mesmo considerando a diferença entre o tamanho do Brasil e dos Estados Unidos, dos PIBs e dos salários mínimos em cada um, podemos analisar de forma positiva esses números percebendo o caminho que o comércio eletrônico brasileiro tem a percorrer, o quanto estamos nos primeiros passos do e-commerce, do e-marketing em nosso Brasil.

Ja vimos aqui que o Brasil deve ser um dos principais mercados virtuais nos próximos anos, alem de sermos o melhor em toda a America Latina, por isso a importância de um site como o TriClick, que consegue juntar no mesmo site produtos, serviços e profissionais liberais que querem iniciar a sua participação online, ou ampliar o seu espaço na internet.

Texto de out/13

## Como o cliente apareceu

Uma grande, e importante, questão em qualquer empreendimento é a chegada do cliente, do consumidor. Quem é, de onde veio, como chegou até a empresa são informações importantes que ajudam a conhecer melhor o consumidor e traçar a melhor estratégia para atingir o seu público.

Na internet isso é uma tarefa mais fácil, tem vários instrumentos que ajudam a saber de onde vieram os visitantes e clientes de cada site, de cada loja virtual.

Por exemplo, eu sei de onde você, que está lendo esse texto, veio, por informações que o Google Analytics me fornece, sei qual a página que trouxe você até esse texto. Mas eu não sei onde você estava anteriormente, pois nem sempre você chegou ao site de forma imediata, passou por outros locais antes de chegar até aqui.

O Ibope, através de sua pesquisa E-tail report, verificou onde o internauta estava minutos antes de acessar a loja virtual, fazendo esse levantamento 10, 20 e 30 minutos anteriores ao acesso ao site.

A pesquisa levantou lojas em 3 segmentos: Cultura, Multicategorias e Beleza, dividindo a origem, onde o internauta esteve, em algumas categorias de sites: agregadores de conteúdo, blogs, buscadores, concorrentes, mídias socias e portais de internet.

Tirando a importância dos buscadores, como o Google, que sempre vem forte no tráfego de público para o site, vamos ver algumas peculiaridades nesses segmentos.

## 5 Anos de Pesquisas e-Números - Comunicação Social

Nas lojas de cultura, 30 minutos antes os internautas estavam nas redes sociais, na medida que o tempo foi passando diminuía a presença nas mídias sociais e aumentava nas páginas da concorrência, mostrando o internauta que busca produtos como livros, Cds e DVDs procurando esses produtos em vários sites antes de decidir em qual vai efetuar a sua compra.

Nas lojas consideradas como multicategorias essa pesquisa nos sites concorrentes chega inclusive a ser maior que nos buscadores, nos últimos 10 minutos antes de chegar ao site 43% estavam visitando uma loja concorrente, enquanto 16% estavam em algum buscador.

No segmento de beleza, 30 minutos antes de chegar ao site, 27% estão nas mídias sociais, 26% em portais de internet, 20% nos buscadores e 4% na concorrência. Apenas 10 minutos antes de chegar a loja virtual para comprar, 25% estão nos portais de internet, 21% nos buscadores, 20% nas mídias sociais e chega a 17% quem está em algum site concorrente.

O importante desses dados é mostrar que o e-consumidor não chega até a sua loja, ou site, de forma imediata, até ele chegar ele pesquisa, analisa a opinião em blogs, mídias sociais e consulta a concorrência, ai sim ele começa a se decidir sobre a compra. Por isso é importante a loja estar presente em varias mídias, nas redes sociais e onde mais conseguir mostrar os serviços e produtos ao seu publico.

Texto de nov/13

## Comprando no e-commerce no exterior

Você já comprou algum produto em loja virtual de outro pais?

Se nunca fez isso, pelo menos deve ter pesquisado algum produto para comparar com o similar no Brasil.

Mas se já fez alguma compra internacional você faz parte dos brasileiros que gastaram 2,6 bilhões de dólares no exterior este ano de 2013, sendo que metade desse valor foi para lojas baseadas nos Estados Unidos.

Não é fácil fazer compras em outro pais, mesmo estando no computador e o site tendo opções de falar a sua língua e tirar as suas dúvidas, sempre existem alguns receios.

Uma pesquisa publicada no site E-commerce News mostra as principais preocupações de quem faz uma compra virtual fora do seu pais.

Os brasileiros tem medo de que roubem os seus dados quando vão efetuar o pagamento via cartão de crédito. O medo mundial nesse item chega a 69%, enquanto entre os brasileiros esse índice fica um pouco abaixo, em 66%.

A proteção ao comprador, a segurança que o cliente tem em fazer a compra, em estar seguro que não vão roubar seus dados de cartão de crédito e que o produto comprado realmente vai chegar nos prazos e condições prometidas é fundamental nas compras transnacionais. Esse item chega a 88% no mundo e sobe a 94% entre os brasileiros.

Essa mesma pesquisa avalia que a compra dos brasileiros em lojas virtuais no exterior, que foi de 2,6 bilhões de dólares em 2013, deve crescer nos próximos anos, aumentando a concorrência virtual, acabando com as fronteiras entre países, exigindo melhores serviços e produtos de todos que estão e querem entrar no mercado. Texto de nov/13

## Os estrangeiros comprando no nosso e-commerce

No inicio do mês analisamos no blog a compra dos brasileiros em sites internacionais, através de uma pesquisa publicada no E-commerce News.

Agora vamos falar do outro lado, dos estrangeiros que fazem compras em lojas virtuais brasileiras, que deixaram 1,3 bilhões de dólares aqui em 2013, quase metade do que nós gastamos em compras no exterior.

Os Estados Unidos lideram as compras nos nossos sites, com compras no valor de 850 milhões de dólares, seguidos dos britânicos, com 115 milhões e alemães, com 88 milhões de dólares.

Bom ressaltar que o e-commerce brasileiro deve movimentar algo em torno de 28 bilhões de reais em 2013, dessa forma as compras dos estrangeiros nas nossas lojas virtuais representa 1% de nossas vendas online.

No mundo todo foram 94 milhões de pessoas fazendo compras em lojas virtuais fora do seu pais de origem, gerando 105 bilhões de dólares no comércio virtual transnacional, com a compra média de U$1117 por pessoa fora de seu pais.

Os lugares onde as pessoas mais compram produtos fora dos seus países são os Estados Unidos (45%), a China (26%) e Hong Kong (25%). Os brasileiros seguem a mesma tendência, apenas crescendo a importância desses países nas compras brasileiras no exterior, sendo que 79% compram em e-commerces americanos, 48% nos chineses e empatados na terceira posição com 17% aparecem lojas em Hong Kong e na Inglaterra.

Produtos de moda (U$12,5 bi) estão entre os preferidos dos compradores transnacionais, seguidos de remédios e cosméticos (U$7,6 bi), jóias e relógios (U$5,8 bi), eletrônicos pessoais (U$6 bi), computadores e hardware (U$6 bi) e eletroeletrônicos (U$5,4 bi).

O preço mais em conta responde por 80% dos motivos de compras em outros países, sendo que a variedade dos produtos atinge 79% das intenções de compras internacionais.

Os medos de comprar em outro pais são os mesmos que já analisamos no **texto sobre as compras dos brasileiros no exterior.**

A previsão é de aumentar esse volume de negócios, no Brasil, até 2018 o volume de compras feitas por estrangeiros deve atingir 4 bilhões de dólares, quase 3 vezes o valor deste ano de 2013, um sinal que os estrangeiros também encontram nas nossas lojas virtuais bons produtos com preços competitivos.

O TriClick, mesmo sendo um shopping virtual em português, recebe sempre visitantes de outros países, mostrando que a oportunidade de vender ao exterior existe, está em todos os lugares, dos pequenos aos grandes.

Texto de nov/13

## Que brincadeira mais séria

Vamos jogar videogame?

Essa pergunta está cada vez menos ligada as crianças e adolescentes e mais perto de conversa entre gente grande, segundo uma pesquisa da associação que representa os fabricantes de jogos eletrônicos nos Estados Unidos, publicada na revista Exame PME em 2013.

## 5 Anos de Pesquisas e-Números - Comunicação Social

O mercado americano de games subiu de 6,9 bilhões de dólares em 2002 para 14,8 em 2012, mais que dobrou em 10 anos, sendo que está igualmente dividido entre jogos para videogame/ computador e aplicativos para celular e redes sociais.

Jogam no próprio videogame 68% dos jogadores, enquanto 43% usam seu smartphone para jogar. Ou seja, o videogame continua sendo o lugar onde os jogadores mais tentam bater os seus recordes, mas os aparelhos celulares estão conquistando espaço cada vez maior entre os jogadores.

Ao dividir em faixas etárias os jogadores, existe um equilíbrio, 36% tem mais de 36 anos, 32% menos de 17 anos, enquanto 32% estão entre essas duas idades, 18 e 35 anos.

Um mercado que movimenta 15 bilhões de dólares nos Estados Unidos não pode ser considerado como uma simples brincadeira, deve ser levado em conta pelos especialistas em marketing como mais uma opção de mídia, com merchandising dentro dos jogos e também como uma opção de jogo, dependendo da ação de marketing que for criada.

Teve uma rede de pizzarias americana que colocou um anúncio de suas lojas num jogo de corrida, fazendo o jogador conseguir pedir uma pizza sem precisar sair do seu carro nem ter que dar uma pausa no jogo, apenas clicando no ícone da pizzaria dentro do próprio cenário do videogame.

Videogame é algo cada vez mais serio, não é brincadeira.

Texto de abr/14

## 5 Anos de Pesquisas e-Números - Comunicação Social

# Design

## A importância do Design

Pesquisa, conhecimento do produto e do consumidor é importante na definição do mercado, mas o design também tem sua importância neste processo.

A revista Pequenas Empresas e Grandes Negócios fez uma matéria interessante colocando em números a força que um produto com o design certo consegue em termos de resultados.

O Clor in é uma pastilha especial para higienizar água e alimentos criada pelo Laboratório da Aeronáutica em 1971, adquirido em 1989 pela Acuapura, com a embalagem redesenhada em 2009, após 9 meses de trabalho e custo de R$30 mil. No próprio ano de 2009 as vendas subiram de 9.000 para 13.000 por mês, movimento 44% maior com o novo design, o faturamento cresceu 22% no ano passado. Vejam na imagem à direita a nova embalagem, com a antiga ao seu lado.

O gasto com o redesign da embalagem foi imediato, fazendo com que o valor investido nesse serviço fosse rapidamente recuperado pela Acuapura. Por isso o design é importante, pequenas alterações feitas por profissionais competentes e capacitados trazem ótimos resultados ao produto.

A CNI fez uma pesquisa comprovando que 75% das empresas que investiram no design das suas embalagens tiveram suas vendas ampliadas, sendo que 41% delas também tiveram redução nos seus custos de produção graças ao design.

No blog MKTmais há uma matéria interessantíssima abordando esse assunto, vale a pena acessar.

Texto de fev/11

## A cor da embalagem para as crianças

O que mais chama a atenção das crianças na hora de escolher salgadinhos ou bolachas doces?

Para responder essa pergunta a nutricionista Ana Paula Gines Geraldo, da Faculdade de Saúde Pública da

USP,pesquisou 152 alunos do ensino fundamental duma escola particular em Taubaté (SP).

As crianças tinham como tarefa desenhar uma embalagem de bolacha doce e de salgadinho que lembravam, sem necessariamente terem consumido esse produto recentemente. A análise desses desenhos identificou os componentes de marketing que as crianças mais lembram nas embalagens desses produtos.

Os componentes que mais apareceram nos salgadinhos foram: a marca (54,6%), a imagem do produto (45,4%) e o personagem (27%). As cores mais utilizadas foram o vermelho (36,8%), o azul (30,3%) e o amarelo (22,4%).

Nas bolachas doces a marca (62,5%) foi a que mais apareceu, vindo depois o personagem (30,9%) e a imagem do produto (25%). As cores mais utilizadas foram o azul (36,8%) e o marrom (26,3%).

A marca dos salgadinhos e bolachas doces é importante para a maioria das crianças, e a existência de algum personagem que faça a ligação entre o biscoito e a marca também ajuda na hora da criança lembrar-se do produto. Dos salgadinhos comercializados no mercado 53,8% têm personagem na embalagem, ocorrendo o mesmo em 54,4% dos biscoitos doces. Isso mostra a força que um personagem deixa na memória infantil.

Mais uma demonstração da importância que o design da embalagem do produto tem, não adianta "apenas" criar e desenvolver bons produtos, a maneira com que será mostrado ao público, sua embalagem, também é importante para chamar a atenção do consumidor, como já analisamos no **Pesquisas e Números**.

Texto de abr/11

A escolha pelas cores

A cor influencia a escolha e preferência das pessoas em vários aspectos.

Quando está chovendo a predominância é das pessoas usarem cores em tons de cinza e preto, enquanto com sol e tempo bonito são muitas as cores que vamos encontrar nas pessoas.

No Pesquisas e Números analisamos a preferência dos britânicos com relação à cor dos cabelos das mulheres e sua relação com seus salários, as cores das casas e sua relação com o sucesso profissional, e até mesmo o desencontro das cores para a lingerie feminina entre homens e mulheres na Grã-Bretanha.

No blog Plantão Online foi publicado um teste feito no Hubspot sobre qual cor faria o internauta clicar mais vezes. Entre uma página em verde e outra igual em vermelho, a que estava em vermelho teve 21% mais cliques que a verde.

No Brasil a cor da embalagem influencia as crianças na hora de escolherem qual salgadinho, ou biscoito, vão comer, sendo que o vermelho foi a preferida, vindo depois o azul.

Portanto, quando for criar, lançar, algum produto, lembre-se do design e das cores que vai apresentá-lo, pode fazer a diferença.

Texto de set/11

# Pesquisas de Mercado

## Pesquisa - Por quê fazer ?

A Pesquisa é uma consulta feita para que se saiba de algum assunto ainda desconhecido, ou pelo menos uma parte do assunto que ainda não é conhecida.

Pesquisar para descobrir quem é o seu consumidor, quem é o seu cliente e para onde deve direcionar os seus esforços. Ah, mas eu sei quem são meus clientes, não preciso disso (diria o executivo).

Mesmo sabendo disso, você sabe como eles pensam, quais seus gostos e preferências? A Pesquisa é uma forma de direcionar os seus esforços para manter e conquistar clientes sabendo o que querem e do que gostam, e também como gostam de ser atendidos. Sempre tem alguma coisa, um algo mais, que pode ser revelado numa Pesquisa e que pode ajudar a aumentar os ganhos, como também ajuda a diminuir os gastos, em algo que para o consumidor não é importante.

Texto de mai/09

# 5 Anos de Pesquisas e-Números - Comunicação Social

## Pesquisa - Hora certa para fazer

Qual é a melhor hora para fazer uma Pesquisa?

Quando for a hora de tomar uma decisão. Seja a decisão que for, é importante saber qual rumo seguir. Decisão de mudar alguma coisa, a estratégia da empresa, e até mesmo decidir não mudar nada, manter-se no mesmo caminho. A Pesquisa funciona como uma bússola no ponto em que é necessária a tomada de decisões.

Podemos comparar esse momento de decisão com um outro momento que nos deparamos todos os dias, por exemplo para almoçar, aonde vamos almoçar e, quando "pesquisamos" e escolhemos o lugar, fazemos uma "pesquisa" no cardápio, para decidir o que comer. Podemos escolher um prato diferente, ou continuar no "arroz e feijão", isso vai depender da "pesquisa" que fazemos no cardápio, para decidir o nosso almoço.

Na hora de tormamos uma decisão a Pesquisa é uma importante ferramenta para nos dizer qual o melhor rumo que deve ser seguido.

Texto de mai/09

## Pesquisa da Semana – Números e Estatística

Casos da Gripe Suína no mundo: 11.168 casos confirmados em 42 países com 86 mortes, conforme retirado do site da OMS, Organização Mundial da Saúde. No Brasil essa semana foi confirmado o 9º caso, sendo que não tivemos nenhuma morte.

Acidentes de trânsito em Curitiba: 7.767, para uma frota de aproximadamente 1 milhão de veículos em circulação, ocasionando 91 mortes, conforme as mais atuais estatísticas de trânsito do DETRAN-PR, que são referentes ao ano de 2007, publicadas no site.

O que esses números podem nos dizer? O alarme mundial que estamos assistindo para os casos da Gripe Suína é menos fatal que o trânsito duma capital brasileira, Curitiba (5ª capital brasileira em número de veículos em circulação), durante um ano. É válido toda a preocupação mundial para evitar uma epidemia que alcance o mundo todo e traga o caos e medo a todas as regiões, que pode trazer como consequência uma xenofobia global. Mas é importante também ressaltar a matéria publicada no jornal Gazeta do Povo, de Curitiba, onde o Código de Trânsito Brasileiro entra em reforma na Câmara Federal.

## 5 Anos de Pesquisas e-Números - Comunicação Social

Temos que dar importância a toda e qualquer política, projeto e atitude que traga melhorias das condições de vida das pessoas, para diminuir esses números de vítimas fatais analisados acima.

Texto de mai/09


## Pesquisa - Quem pesquisar?

Sua majestade, o Cliente. Como saber o que pensa, o que quer e os seus anseios, para melhor atendê-lo e oferecer o que ele mais quer. É importante fazer uma Pesquisa para conhecer quem é o seu consumidor.

Para saber disso é necessário definir quem serão os entrevistados desta Pesquisa. Ora, como vou saber quem vou entrevistar para fornecer esses dados se é esta Pesquisa quem irá definir o seu perfil?

A maneira mais indicada é entrevistar as pessoas que estão nas lojas, nos pontos de venda, fazendo compras ou apenas "olhando as vitrines". Com as pessoas que fazem as compras, que já são clientes, sabemos mais informações sobre sua compra, porque compraram e o que faria voltar ao ponto de venda e até mesmo o que fariam sugerir este local para seus conhecidos, a propaganda boca a boca. Com as pessoas que estão na frente do ponto de venda, "apenas olhando as vitrines", são potenciais clientes, e é importante saber porque estão "apenas olhando", o que falta para realizarem a compra. Uma nova fase seria, depois de conhecido o perfil do consumidor, procurar pessoas com as mesmas características reveladas pela Pesquisa e realizar uma nova Pesquisa, entrevistando pessoas do mesmo perfil, para saber o que fariam frequentar o ponto de venda e ser cliente da empresa.

Conhecer melhor com quem está falando é uma forma de saber a forma e o conteúdo de falar. Com a Pesquisa é mais fácil o planejamento do marketing, as ações são mais dirigidas ao público que realmente interessa.

Texto de jun/09

Preço ou qualidade?

Na hora de oferecer um produto ao consumidor, o que é mais importante, a qualidade do produto, ou o preço?

## 5 Anos de Pesquisas e-Números - Comunicação Social

O Grupo Padrão, em parceria com a consultoria Shopper Experience, entrevistaram 1350 pessoas em São Paulo, Rio de Janeiro, Belo Horizonte, Recife e Porto Alegre para saber como pensa o consumidor na hora da compra.

O principal fator que o consumidor leva em consideração quando quer comprar algum produto, é o atendimento que recebe, 61% dos entrevistados elegeram o bom atendimento como prioritário na hora da compra. A qualidade ficou em 2º lugar, com 26%, a imagem da empresa no mercado completa o pódio, com 24%. O preço é importante na decisão da compra para apenas 12% dos consumidores consultados nesse estudo.

Os consumidores paulistas são os mais exigentes quanto à qualidade do atendimento, 76% deles consideram fundamental o bom atendimento.

Os moradores de Porto Alegre são os que mais se preocupam com a qualidade do produto na hora da compra, 43%.

O preço justo é importante para decidir o produto a ser comprado para 21% dos consumidores cariocas.

A pesquisa não significa que o consumidor não considera o preço e a qualidade do produto na hora de fazer suas compras, mas sim que o preço justo e qualidade são fundamentais e estão intrínsecos ao produto.

A grande diferença na hora do cliente escolher o produto que vai adquirir é a atenção que recebe da loja.

Texto de dez/09

## Pesquise, é simples

Muitas vezes as empresas querem fazer pesquisas para conhecer melhor seu mercado, para descobrir novas fontes de rendimento, para saber das novidades, dos pensamentos, gostos e idéias do público consumidor, mas acham que vão gastar dinheiro.

Se a empresa considerar que a pesquisa é um investimento, com os resultados em mãos há mais chance de aumentar a clientela, conseqüentemente aumentando seus lucros, pagando a pesquisa. É um instrumento indispensável para toda empresa, não importando o tamanho.

## 5 Anos de Pesquisas e-Números - Comunicação Social

No programa Globo Repórter do dia 11/12/2009, o agricultor Nei Abílio Sossmeier ganhou um pluviômetro de presente quando tinha apenas 14 anos de idade. Esse aparelho mede a quantidade de chuva, e para a agricultura o clima interfere na colheita e na produtividade da terra, ou seja, podemos afirmar que a previsão do tempo é a pesquisa de mercado do agricultor.

Nei Abílio Sossmeier mora em Victor Graeff (RS), e desde que ganhou seu pluviômetro, 30 anos atrás, anotou no papel, todos os dias, a quantidade de chuva, vento, geada, granizo e mediu a temperatura. Essas informações são importantes para o agricultor definir a sua plantação.

Nesses 30 anos de anotações, o Sr. Nei Abílio Sossmeier percebeu que o verão ficou 7 graus mais quente, o inverno ficou 2 graus mais frio, a média das chuvas de granizo dobrou e os ventos com velocidade superior a 60 km/h aumentaram 5 vezes em Victor Graeff.

Não é necessário fazer uma pesquisa enorme, com centenas de perguntas sobre o comportamento do consumidor, para conhecer melhor o seu mercado.

Vamos usar o exemplo que vem de Victor Graeff, apenas as simples anotações sobre o clima ajudam o agricultor a se preparar para as intempéries e planejar melhor a sua plantação.

Simples anotações dos comentários que seus clientes fazem, observações sobre os pedidos dos consumidores, essas informações já são uma forma da empresa conhecer melhor o seu mercado, conhecendo o mercado é mais fácil trabalhar para aumentar a sua fatia nele. E se precisar de alguma ajuda, estou sempre á disposição para o que for, mesmo que seja uma simples, e sempre importante, troca de idéias.

Texto de dez/09

## 5 Anos de Pesquisas e-Números - Comunicação Social

## Conclusão

Nesses 5 anos do Pesquisas e Números tratamos de diversos assuntos, analisamos muitos números, estatísticas e pesquisas das mais diversas fontes e origens, cruzando informações de uma fonte com outra, para comparar e complementar informações e trazer ao leitor uma forma de "ler" os números que possa simplificar e facilitar a sua compreensão.

Apesar da dinâmica que temos no nosso dia a dia, com a evolução e multiplicidade de informações que circula na internet a cada instante, a maioria dos textos que colocamos no blog, e reproduzimos nesse livro, continuam atuais, não perderam a sua validade, podem ser utilizados como fonte de informação e conhecimento, não se perdendo com o tempo.

Isso mostra que a informação se acumula, o conhecimento aumenta e deve ser arquivado, seja na nossa memória, na nossa mente, seja em arquivos .doc, ou .pdf em nossos hardwares, que alguma hora vai ser importante pesquisarmos esses arquivos para utilizarmos no futuro.

Vamos continuar nessa mesma linha no Pesquisas e-números, rumo aos próximos textos, às próximas análises de pesquisas, e-números e estatísticas que surgirem por aí.

Até lá!!!

## 5 Anos de Pesquisas e-Números - Comunicação Social

# O Autor

Romeu Friedlaender Junior é formado em economia pela Universidade Federal do Paraná, com cursos de Management Information in Marketing and Sales certificado pelo Chartered Institute of Marketing, em Londres, Grã Bretanha.

Morou em Londres nos anos de 1997, 1998 e 2002.

Dirigiu por anos a área de planejamento do Instituto Paraná de Pesquisas de Opinião e Análise de Consumidor, empresa privada especializada em pesquisas de opinião e análise de mercado.

Escreve desde 2009 no blog Pesquisas e Números, analisando pesquisas e números que a mídia divulga constantemente.

Foi professor universitário ministrando aulas das disciplinas de Economia, História do Pensamento Econômico e Análise de Pesquisa e Mercado.

Participou ativamente como membro da equipe brasileira da pesquisa GEM – Global Entrepreneurship Monitor, maior estudo constante sobre o empreendedorismo no mundo.

No comércio eletrônico tem experiência com a Melito, loja virtual com mais de 4.000 produtos à venda e fundou o site TriClick, que reúne diversos produtos e serviços ao gosto do neoconsumidor.

É autor de outros livros e publicações, mostrado no próximo capítulo.

# Outras obras do autor

- Relato duma Viagem – Índia, Cingapura, Austrália e China, pelo Clube de Autores em 2009

- O homem, sujeito do trabalho e suas relações no sistema econômico, pelo Clube de Autores em 2011

- Empreendedorismo no Brasil 2009, em parceria com outros autores, pelo IBQP (Instituto Brasileiro da Qualidade e Produtividade)

- Empreendedorismo no Brasil 2010, em parceria com outros autores, pelo IBQP (Instituto Brasileiro da Qualidade e Produtividade)

- Empreendedorismo no Brasil 2011, em parceria com outros autores, pelo IBQP (Instituto Brasileiro da Qualidade e Produtividade)

- Emprender desde la pequeña y mediana empresa: Nueve casos de éxito de emprendedores latinoamericanos, em parceria com outros autores escreveu sobre o caso brasileiro, pela FUNDES(Chile), em 2011

- GEM 2010 Education and employability of women in Brazil – reality and perspectives, em parceria com outros autores, em Cadiz na Espanha, 2010

- 2010 Report: Women Entrepreneurs Monitor, Babson College (EUA) em parceria com outros autores escreveu sobre o caso brasileiro, em 2011

- Comércio Eletrônico, Desvendando o seu Funcionamento, pelo Clube de Autores em 2013

- Copa do Mundo Tô fora do Brasil para assistir, pelo Clube de Autores em 2013

# Sites que aparecem neste livro:

www.abic.com.br
www.abimaq.org.br
www.abrasel.com.br
www.accenture.com
www.acsp.com.br
www.amanha.com.br
www.amazon.com
www.americanmoustacheinstitute.org
www.aneel.gov.br
www.anefac.com.br
www.bemparana.com.br
www.bitly.com
www.blog.hubspot.com
www.burson.com.br
www.caminhandojunto.blogspot.com
www.clorin.com.br
www.clubedeautores.com.br
www.cni.org.br
www.crasp.gov.br
www.cultura.gov.br
www.cursodeecommerce.com.br
www.datapopular.com.br
www.debenhams.com
www.denatran.gov.br
www.dieese.org.br
www.duke.edu
www.e.life.com.br
www.e-commercefacts.com
www.ecommercenews.com.br
www.economist.com

## 5 Anos de Pesquisas e-Números - Comunicação Social

www.eletros.org.br
www.elogia.net/pt
www.epocanegocios.com.br
www.estadao.com.br
www.exame.com.br
www.exame.com.br/revista-exame-pme
www.facebook.com
www.fantastico.globo.com
www.fazenda.gov.br
www.fbits.com.br
www.felicidadeinternabruta.blogspot.com
www.fiesp.org.br
www.forbes.com
www.forgas.socialpsychology.org
www.g1.globo.com
www.gazetadopovo.com.br
www.gemconsortium.org
www.gpadrao.com.br
www.gsmd.com.br
www.ibge.gov.br
www.ibope.com.br
www.ibqp.org.br
www.ldgnow.uol.com.br
www.idv.org.br
www.inovacaomarketing.com
www.institutoanalise.com
www.institutoanalise.com
www.journals.uchicago.edu
www.kimod.com
www.latinpanel.com.br
www.leeds.ac.uk
www.mailermailer.com
www.maximbrasil.uol.com.br
www.mdemulher.abril.com.br

www.melito.com.br
www.mktmais.com
www.neoconsumidor.com.br
www.nosdacomunicacao.com.br
www.observatoriodegenero.gov.br
www.operdigueiro.blogspot.com
www.papodeempreendedor.com.br
www.parana-online.com.br
www.paranapesquisas.com.br
www.People-press.org
www.pesquisasenumeros.com
www.pinterest.com
www.plantaoonline.com
www.pnud.org.br
www.portalexameabril.com.br
www.quatromarcos.ind.br
www.rb.com/br
www.reclameaqui.com.br
www.revistaalfa.com.br
www.revistaepoca.globo.com
www.revistapegn.globo.com
www.secom.gov.br
www.shopperexperience.com.br
www.sindilav.com.br
www.socialtag.com.br
www.sospesquisaerorschach.com.br
www.tau.ac.il
www.techtudo.com.br
www.telegraph.co.uk
www.terra.com.br
www.testedascervejas.com.br
www.triclick.com.br
www.turismo.gov.br
www.Twitter.com

## 5 Anos de Pesquisas e-Números - Comunicação Social

www.unwomen.org
www.uol.com.br
www.veja.abril.com.br
www.youtube.com
www.zaytecbrasil.com.br
www.zerohora.clicrbs.com.br


Como o próprio blog mudou de nome, de
www.romeufriedlaenderjr.blogspot.com para
www.pesquisasenumeros.com, muitos dos sites acima
podem ter alterado seus domínios nesses 5 anos, por
isso peço desculpas se algum link não existir mais, estar
desatualizado.